Susanne Thiel

111 Orte
in Madrid,
die man gesehen
haben muss

D1735604

emons:

Bibliografische Information der Deutschen Bibliothek
Die Deutsche Bibliothek verzeichnet diese Publikation
in der Deutschen Nationalbibliografie; detaillierte bibliografische
Daten sind im Internet über http://dnb.d-nb.de abrufbar.

© Hermann-Josef Emons Verlag
Alle Rechte vorbehalten
© der Fotografien: Susanne Thiel
Gestaltung: Eva Kraskes, nach einem Konzept
von Lübbeke | Naumann | Thoben
Kartografie: altancicek.design, www.altancicek.de
Druck und Bindung: B.O.S.S Druck und Medien GmbH, Goch
Printed in Germany 2013
ISBN 978-3-95451-118-1
Originalausgabe

Unser Newsletter informiert Sie
regelmäßig über Neues von emons:
Kostenlos bestellen unter
www.emons-verlag.de

Quirlig, laut und voller Leben. Die drittgrößte Hauptstadt der Europäischen Union ist ein bunter Mix aus Tradition und Moderne und punktet neben klassischen Monumenten, herrschaftlichen Häusern, der berühmten Museumsmeile, jeder Menge Avantgarde und einem der beliebtesten Nachtleben der Welt mit wundervollen und gastfreundlichen Menschen. Und auch abseits der Touristenpfade, oder gerade mittendrin, entdeckt man viele kuriose Geschichten und Orte, die in keinem Reiseführer erzählt werden und nur darauf warten, entdeckt zu werden.

Die Plaza Mayor wird von unzähligen Besuchern bevölkert, aber wer kennt die Geschichte vom vogelmordenden Pferd, die sich hinter der Reiterstatue von Felipe III. verbirgt? Wer kommt auf die Idee, dass sich im Parkhaus unter der Plaza de España, an der sich die Touristen vor Don Quijote für ein Erinnerungsfoto ablichten lassen, das beste Chinarestaurant der Stadt befindet? Und wer betrachtet die weltberühmten Gemälde im Prado mit dem Hintergrundwissen, dass viele von ihnen auf der Flucht vor Francos Truppen quer durch Europa gereist sind?

111 Orte in Madrid, die man gesehen haben muss, beschreiben diese und andere Anekdoten, die zur Geschichte Madrids gehören, aber nur den wenigsten bekannt sind. Die Rivalität zwischen dem Kybele- und dem Neptun-Brunnen, die Geheimnisse des Retiro-Parks, das Auto, in dem Francos Lieblingspolitiker über das Dachsims eines mehrstöckigen Wohnhauses geschleudert wurde, oder der unvergängliche Körper der Betschwester Mariana, der nach Apfelaroma duftet. Übrigens geistern auch viele Gespenster durch Madrid. Man findet sie oft an ganz alltäglichen Orten wie in der Metro Tirso de Molina, im Reina-Sofía-Museum oder im alten Hotel Crowne Plaza.

Mit diesem Buch können Sie sich Ihre ganz eigene »Schnitzeljagd« quer durch Madrid zusammenstellen und immer wieder neue, spannende Orte entdecken. Viel Spaß dabei!

111 Orte

1___Der ägyptische Brunnen

Schatzsuche im Park

Die meisten Besucher des Retiro-Parks sind irgendwann schon einmal am ägyptischen Brunnen vorbeigelaufen. Aber nur die wenigsten wissen, dass hier in der Nähe ein Schatz versteckt liegen soll.

Die Geschichte des Brunnens beginnt während der Regierungszeit von Felipe IV., einem großen Freund und Verehrer Napoleons, der nach einer Ägyptenreise des Generals einen ägyptischen Brunnen im Retiro-Park erbauen ließ. Der Architekt Isidro González Velázquez war für den Bau des Monuments zuständig und begann 1819 mit einem regelrecht monströsen Werk, für das er über 30 Jahre benötigte.

Erst 1850 war der Brunnen fertig. Er zeigt zwei Sphinxe mit menschlichen Köpfen, die allerdings aus Gips gefertigt waren und 1995 durch neue Exemplare ersetzt werden mussten. In der Mitte des Brunnens steht ein riesiger Krug mit einem Frauenkopf, ähnlich, wie ihn die Ägypter zur Aufbewahrung der Eingeweide von Mumien verwendet haben. Darüber erhebt sich eine Säule, auf der ursprünglich eine meterhohe Statue des Gottes Osiris zu sehen war. Sie ist allerdings verschwunden.

Der König veranstaltete damals vor dem Brunnen regelmäßig Spieleabende, um seine Gefolgschaft bei Laune zu halten. Eines Tages kam ihm die Idee zu einer Schatzsuche, und er ließ eine Kiste mit Goldmünzen verstecken. Das Spiel entwickelte sich zum Dauerbrenner, bis der Schatz irgendwann nicht mehr gefunden wurde. Ein Höfling hatte die Kiste zu gut versteckt und verstarb kurz darauf, ohne sein Geheimnis gelüftet zu haben. Tagelang suchte man den ganzen Park ab, und es wurden sogar Wachen rund um den ägyptischen Brunnen aufgestellt. Viele vermuteten den Schatz im Krug, aber sein Verbleib konnte nie geklärt werden. 1968 fand man an einem Seiteneingang des Parks eine Kiste mit rund 60 alten Goldmünzen. Es konnte aber ausgeschlossen werden, dass der Fund aus der Zeit von Felipe IV. stammte.

Adresse Jardínes del Buen Retiro, Jerónimos | **ÖPNV** Metro 2, Haltestelle Retiro; Metro 9, Haltestelle Ibiza, je nach Eingang | **Öffnungszeiten** Sommer 6–24 Uhr; Winter 6–22 Uhr | **Tipp** Seit 1874 konnte man im Retiro-Park frische Milch im Casa de Vacas erwerben. Im 20. Jahrhundert wurde das Gebäude in einen Festsaal umfunktioniert. Heute nutzt es die Stadtverwaltung für Ausstellungen und kulturelle Veranstaltungen.

2 Das alte Hotel Crowne Plaza
Der verwaiste Riese

Als »höchstes Gebäude der Nation und Europas« eroberte das »Edificio España« 1953 die spanischen Schlagzeilen. Franco war mächtig stolz auf seinen 25-stöckigen Riesen und würde sich wahrscheinlich im Grab umdrehen, wenn er wüsste, dass sein Liebling 60 Jahre später ein einsames Dasein fristet.

Fünf Jahre hat man für die Errichtung des 117 Meter hohen Kolosses benötigt. So wie viele andere Gebäude entlang der Gran Vía erinnern seine Fassade und sein architektonischer Stil an die riesigen Apartmentblöcke in Manhattan. Nicht umsonst diente das Rockefeller Plaza als Vorbild. Und auch die Lage ist beneidenswert zentral.

Unübersehbar thront das Hochhaus zwischen der Gran Vía und der Calle Princesa. Zu seinen Füßen liegt die Plaza de España. In seinen guten Zeiten beherbergte das »Edificio España« das Luxushotel Crowne Plaza, eine bekannte Diskothek und einen spektakulären Pool auf dem Hoteldach. Völlig überraschend wurde das Gebäude 2005 zum Verkauf angeboten, obwohl erst zwei Jahre zuvor umfassende Renovierungsarbeiten stattgefunden hatten. 2006 erwarb es die Santander-Gruppe, um das Haus komplett neu zu gestalten und in einen exklusiven Apartmentblock zu verwandeln. Die Idee war nicht schlecht, aber man hatte nicht mit der platzenden Immobilienblase gerechnet, die aus dem ambitiösen Projekt eine Ruine machte.

Aus dem »Stolz der Nation« wurde ein einsames Monster, das seit 2011 verwaist an der Plaza de España steht. Ein Symbol der spanischen Wirtschaftskrise. Obwohl – ganz verlassen ist es offenbar doch nicht, denn die letzten Handwerker, die in dem Gebäude Hand angelegt hatten, versichern, dass im 14. Stock ein Geist sein Unwesen treibt. Vielleicht ist es ein Gespenst, vielleicht aber auch die Seele des Hauses, die verzweifelt darum bittet, dass ihr wieder Leben eingehaucht wird.

Adresse Plaza de España, Argüelles | ÖPNV Metro 3, 10, Haltestelle Plaza de España | Tipp Machen Sie ein Foto von sich mit Cervantes, Don Quijote und Sancho Panza auf seinem Esel Rocinante im Park am Platz. Viva España!

3 Bahnsteig Null

Die Geisterstation von Chamberí

Die erste Metrolinie von Madrid verlief von Cuatro Caminos bis zur Puerta del Sol. König Alfonso XIII. hatte im Oktober 1919 das Vorzeigeprojekt der Stadt eröffnet. Man war mächtig stolz, denn Madrid gehörte zu den 14 Städten auf der Welt, die über eine eigene Metro verfügten. Dabei steckte sie noch in den Kinderschuhen, denn sie hatte gerade einmal acht Haltestellen. Darunter war auch die Metrostation Chamberí, deren Design vom Architekten Antonio Palacios entworfen wurde und auf den Pariser Metrostationen der Epoche basierte.

Anfang der 1960er Jahre wurden die Züge verlängert. Die Bahnsteige von Chamberí konnten aber aus bautechnischen Gründen nicht erweitert werden, sodass die Station 1966 geschlossen wurde. Über 40 Jahre lang blieb sie ungenutzt, obwohl sie weiterhin zum Streckennetz gehörte. Aber es hielt kein Zug mehr in Chamberí. Während des Spanischen Bürgerkriegs verwandelte sich die Metrostation in einen improvisierten Schutztunnel, in dem sich die Einwohner vor den Luftangriffen der Faschisten schützten. Später mauerte man ihre Eingänge zu, sodass die vielen alltäglichen Objekte aus jener Zeit, wie Werbetafeln, Drehautomaten und sogar entsorgte Metrotickets, in den Papierkörben unangetastet erhalten blieben.

Die Station war aus dem Leben der Madrilenen gestrichen worden, aber ihre fortdauernde Existenz im Dunkeln, tief unter den Straßen der Stadt, brachte ihr neben vielen Legenden den Namen »Geisterstation« ein.

2008 erwachte die Metro Chamberí zu neuem Leben, diesmal als Museum. Man hatte sie restauriert und den Bahnsteig mit Sicherheitsglas von den Schienen abgetrennt. Die alten Anzeigen erstrahlten auf den gebohnerten Wandfliesen in neuem Glanz, und sie triumphierte sogar als Schauplatz im Film »Barrio« von Fernando León de Aranoa. Übrigens preschen die Züge bis heute durch Chamberí – ohne anzuhalten.

DIRECCION

CHAMBERÍ   SOL

BILBAO   TONIO

METRO

Adresse Andén 0, Plaza Chamberí 4, Almagro (Chamberí) | ÖPNV Metro 1, 4, Haltestelle
Bilbao; Metro 1, Haltestelle Iglesia | Öffnungszeiten Fr–So 11–13 Uhr und 17–19 Uhr,
Eintritt frei | Tipp In der Nachbarschaft gibt es gleich zwei Klassiker für Livekonzerte: das
Honky Tonk in der Calle Covarrubias 24 und das Clamores in der Calle de Alburquer-
que 14.

4 Die Berliner Mauer

Graffiti in Gefahr

Madrid und Berlin haben viele Gemeinsamkeiten, zum Beispiel den Bären im Stadtwappen. Und Berlin gehört zu den 39 Partnerstädten, die Madrid weltweit hat. Die langjährige Freundschaft zwischen den beiden Metropolen besiegelt auch das Monument im Parque de Berlín in Erinnerung an den Mauerfall 1989: In einem Teich erheben sich drei originale Fragmente der Berliner Mauer aus dem Wasser. Genau ein Jahr nach dem historischen Ereignis erreichten sie Madrid am 9. November 1990.

Die fünf Meter hohen und rund einen Meter breiten Mauerreste gelten als Hauptattraktion des fast 5.000 Hektar großen Parks im Bezirk Chamartín, der 1967 vom damaligen Berliner Bürgermeister Willy Brandt eröffnet worden ist.

Neben den Teilen der Berliner Mauer gibt es auch ein kleines Auditorium, eine Skulptur zu Ehren von Ludwig van Beethoven und die Nachbildung des Berliner Bären zu sehen.

Am 20. Gedenktag des Mauerfalls im Jahr 2009 hatte übrigens auch die Deutsche Botschaft in Madrid ein Stück der Berliner Mauer wiederauferstehen lassen, indem sie eine 270 Meter lange und dreieinhalb Meter hohe Nachbildung entlang der Gartenmauer zwischen der Calle Fortuny, Zurbarán und dem Paseo de la Castellana anbringen ließ. Auf der Plane wurden damals berühmte Graffiti-Szenen wie der Kuss zwischen Breschnew und DDR-Chef Erich Honecker nachgestellt.

Die Graffiti-Malereien auf den drei Mauerfragmenten im Parque de Berlín wären um ein Haar der Reinigungswut eines städtischen Angestellten zum Opfer gefallen, der vor der Einweihung des Monuments durch den damaligen Bürgermeister José María Álvarez del Manzano die unansehnlichen Schmierereien entfernen wollte. Die Putzattacke konnte in letzter Minute verhindert werden. Dennoch sind die Werke aus der Sprühflasche durch Regen und Smog mittlerweile fast verblasst.

Adresse Parque de Berlín, Avenida de Concha Espina, Hispanoamérica (Chamartín) | **ÖPNV** Metro 9, Haltestelle Concha Espina | **Tipp** Besuchen Sie das Santiago Bernabéu Stadion, das Heimatstadion von Real Madrid, an der Avenida Concha Espina, Ecke Paseo de la Castellana. Planen Sie rund zehn Minuten Fußweg mit ein.

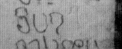

5 Das Beti-Jai

Fiesta ohne Ende

In seinen Glanzzeiten war es ein geradezu luxuriös ausgearbeitetes Gebäude mit Sockeln aus andalusischen Fliesen, Elementen im Neomudéjar-Stil und einer riesigen Tribüne aus Eisen, die 4.000 Zuschauern Platz bot. Das Beti-Jai war das einzige baskische Pelota-Spielfeld Madrids und ein Paradebeispiel für die typischen Pelota-Spielfelder im Industriestil, die im 19. Jahrhundert wie Pilze aus dem Boden schossen. Hier wurde das beliebte Ballspiel baskischen Ursprungs gespielt, ein Rückschlagspiel, bei dem zwei Spieler im Wechsel einen Ball gegen die Wand schlagen. Heute ist weltweit nur noch das Beti-Jai in Madrid übrig geblieben. Und das auch nur als Ruine, abgetrennt mit Sicherheitszäunen und von wild wuchernden Pflanzen umgeben.

Auf dem 67 Meter großen Platz konnte man alle Varianten des Pelota-Spiels ausüben. Bis in das 20. Jahrhundert hinein war diese Sportart in Spanien sogar beliebter als Fußball. Das Beti-Jai wurde 1839 im Stil des damals berühmten Pelota-Spielfelds im baskischen San Sebastián errichtet. Aber noch größer, schöner und besser. Die Sporteinrichtung hatte neben dem gigantischen Spielfeld mehrere Räumlichkeiten, in denen Ruheräume für die Spieler, eine Cafeteria, eine Krankenstation, Zimmer und verschiedene Büroräume Platz hatten. Der perfekte Treffpunkt für das Madrider Großbürgertum. Nicht umsonst bedeutet der baskische Name Beti-Jai übersetzt »siempre fiesta«, Party nonstop.

1919 war es dann allerdings vorbei mit dem Fest, und das Beti-Jai schloss seine Pforten. In den kommenden Jahren musste es sich unter anderem als Polizeiwache und Autowerkstatt behaupten. Seine vorerst letzte bedauernswerte Aufgabe bestand darin, einer Musikgruppe der ultranationalistischen Falangisten als »Proberaum« zu dienen.

Seitdem verfällt das Beti-Jai und wartet nun schon seit vielen Jahren darauf, renoviert zu werden.

Adresse Calle Marqués de Riscal 7, Ríos Rosas (Chamberí) | ÖPNV Metro 5, Haltestelle Rubén Darío | Tipp In der Parallelstraße Calle Zurbarán liegt das Goethe-Institut, wo man einen Kaffee trinken und an interessanten Veranstaltungen teilnehmen kann. An der Ecke Calle Fortuny / Calle Zurbarán befindet sich übrigens die Deutsche Botschaft.

6 — Die Bibliothek der Escuelas Pías

Wiederauferstehung einer alten Kirche

Ruine trifft auf moderne Architektur. Das Ergebnis ist schlichtweg spektakulär. Jahrzehntelang erinnerten die Reste der Kirche, die zu den Escuelas Pías gehörte, eher an eine wilde Mülldeponie als an ein verlassenes Gotteshaus. Ende der 1990er Jahre wagte sich der Architekt J. I. Linazasoro an das komplizierte Unterfangen, das heruntergekommene Gebäude zu renovieren und ihm ein ganz neues Gesicht zu verleihen. Heraus kam ein richtiges Kunstwerk mit einmaligem Ambiente. Drei Jahre lang verwandelte er die Mauerreste in ein avantgardistisches Bauwerk, in dem heute die Bibliothek der spanischen Fernuniversität UNED untergebracht ist. Dabei hat er die charaktcristischen Elemente der alten Kirche beibehalten und wirkungsvoll in Szene gesetzt. Der ultimative Eyecatcher ist der riesige Rundbogen mit dem Wappen der Escuelas Pías, durch den man in den Rundbau mit der Kuppel gelangt.

Die Escuelas Pías wurde bereits 1729 gegründet. Dabei handelte es sich um die erste Schule des Piaristen-Ordens in Madrid. Für die damalige Zeit galt das Lehrzentrum als besonders fortschrittlich. Die Schule richtete sich speziell an Kinder aus armen Verhältnissen und war kostenfrei. Sogar taubstumme Schüler konnten hier eine Schulausbildung bekommen.

Während des Spanischen Bürgerkriegs zerstörte 1936 ein Feuer die Kirche der Schule, und sie brannte bis auf die Grundmauern nieder. In den 1980er Jahren hatte man die Idee, die Ruine in eine Grünanlage zu integrieren, aber das Projekt wurde irgendwann lustlos abgebrochen. Jahrelang stand sie dann dort, verlassen und mit Graffiti vollgeschmiert, der Schandfleck des Viertels Lavapiés.

Heute kann sich jeder Interessent kostenlos einen Ausweis für die Bibliothek ausstellen lassen. Zwischen 20 und 21 Uhr ist die Bibliothek übrigens auch für das Publikum ohne Ausweis geöffnet.

Adresse Calle Sombrerete 15, Lavapiés | ÖPNV Metro 3, Haltestelle Lavapiés | Öffnungszeiten Mo–Fr 9.15–21.45 Uhr | Tipp Auf dem Dach der Bibliothek befindet sich das Café Gaudeamus, eines der schönsten Terrassen-Cafés von Madrid, mit einem spektakulären Blick auf das Stadtviertel. Im Sommer kann man es sich auf den Liegen der Dachterrasse bequem machen.

7 Die Bibliothek der spanischen Luftwaffe

Ufos in Sicht

Scheinbar unendlich lange Gänge und trostlose Flure führen neugierige Besucher in die Bibliothek im Hauptquartier der spanischen Luftwaffe. Das Gebäude erinnert an einen Mix aus dem Prado-Museum sowie dem Kloster von El Escorial und wurde unter Franco auf dem ehemaligen Grundstück eines Gefängnisses errichtet.

Unter den rund 15.900 Büchern und anderen Veröffentlichungen gibt es einen ganz besonderen Leckerbissen für die Fans der Ufologie. 75 Akten, die in den Jahren 1992 bis 1997 angelegt wurden, berichten über geheimnisvolle Ufo-Sichtungen in ganz Spanien. Auf über 2.000 Seiten werden rund 100 Fälle aufgeführt, die vor allem in den 1960er und 1970er Jahren beobachtet wurden.

Noch bis vor wenigen Jahren galten die Unterlagen als Geheimakten, die niemals an die Öffentlichkeit dringen sollten. Mittlerweile kann jeder einen Blick in die Aufzeichnungen werfen, wobei die meisten Besucher dieser Abteilung Menschen sind, die selbst schon einmal Zeuge einer vermeintlichen Ufo-Sichtung waren.

Die meisten Vorkommnisse wurden von Piloten der Luftwaffe gemeldet, die beeindruckt von Raumschiffen in Tintenfischform mit zwei seitlichen Leuchten erzählten oder leuchtende Fähren beschrieben, die lautlos durch den Himmel glitten. Spannend sind auch die Mitschnitte der Unterhaltungen zwischen kommerziellen Piloten und dem Tower, wenn sie meinten, ein unbekanntes Flugobjekt gesehen zu haben. Die erste offizielle Aufzeichnung stammt übrigens aus dem Jahr 1639 und beschreibt einen Feuerball, der an einem bewölkten Tag so grell schien wie die Sonne und sich immer weiter aufzuheizen schien. Irgendein Körnchen Wahrheit muss doch eigentlich hinter den Sichtungen stecken. Aber immer wieder wird in den Akten auf die Unmöglichkeit hingewiesen, Beweise für das seltsame Treiben in den Lüften zu finden.

Adresse Calle de la Princesa 2, Moncloa | ÖPNV Metro 3, 6, Haltestelle Moncloa | Öffnungszeiten Mo–Fr 9–14 Uhr, Eintritt frei | Tipp Machen Sie einen Ausflug mit der Drahtseilbahn »Teleférico« vom Parque del Oeste bis zur Casa de Campo, und erleben Sie Madrid aus der Vogelperspektive. Die Abfahrt erfolgt am Paseo del Pintor Rosales.

8 Die Bischofskapelle

Tauziehen um San Isidro

In den 1970er Jahren hatte man sie zur Ruine erklärt. Die Einsturzgefahr war zu groß. Dabei gehört sie zu den wenigen gotischen Schmuckstücken, die Madrid erhalten geblieben sind. Nach komplizierten Renovierungsarbeiten kann man die der Iglesia de San Andrés angeschlossene kleine Kapelle heute wieder besichtigen und auch den tausendjährigen Friedhof sehen, der bei den Umbauten entdeckt wurde. Hier fand man die Skelette von mindestens 50 Personen, darunter viele Kinder. Die freie Sicht auf die Grabstätte ermöglicht heute eine in den Boden eingelassene Glaswand im Innenhof der Kapelle.

Die Geschichte der Kapelle ist eng mit dem Leben von Madrids Schutzpatron San Isidro und der Familie Vargas verknüpft, für die er gearbeitet hatte. Nach seinem Tod hatte man den Vargas die sterblichen Überreste des Heiligen anvertraut. Die Familie ordnete 1520 den Bau einer Kapelle an, in der San Isidro seine letzte Ruhe finden sollte. Der Bischof von Plasencia und Sohn der Vargas, Gutierre de Vargas Carvajal, überwachte den Bau, der später den Namen Bischofskapelle erhielt.

Dummerweise verstanden sich die Vargas nicht besonders gut mit dem Pfarrer der Iglesia de San Andrés, und nach einem langen Streit um die sterblichen Überreste von San Isidro wurde dieser 1544 zurück in die Kirche gebracht, wo er bis zum 19. Jahrhundert blieb. Die Beziehungen zwischen beiden Pfarrämtern gingen auf Grundeis, und fortan trennte eine Mauer die Verbindungstür zwischen Kirche und Kapelle. Die Bischofskapelle sollte nun als Familiengruft herhalten, für die Gutierre de Vargas 1547 den riesigen Altaraufsatz von Francisco Giralte anfertigen ließ.

Im Zuge der Renovierungsarbeiten hat man den Gang zwischen der Kapelle und der Iglesia de San Andrés wieder geöffnet. Die Aufsicht führen heute die Hermanitas del Cordero, die man mit ein bisschen Glück mittags in der Kapelle singen hören kann.

Adresse Capilla del Obispo, Plaza de la Paja 9, La Latina | ÖPNV Metro 5, Haltestelle La Latina | Öffnungszeiten Di–Do 13–14 Uhr, Mo–Fr 18.30–19.30 Uhr, Sa, So 12.30–13.30 Uhr | Tipp Lecker essen geht man im russischen Restaurant »El Cosaco« an der Plaza de la Paja 2, im Vegetarier-Restaurant »El Estragón Vegetariano« in der Hausnummer 10 oder im peruanischen Restaurant »La Gorda« in der Costanilla de San Andrés 20.

9 Botín

Das älteste Restaurant der Welt

An der Plaza de Herradores suchten die Adeligen ihre Knappen, die ihnen die Stühle hinterhertrugen. Hier eröffnete der Franzose Jean Botin 1620 das Restaurant »Botín«, wo man Spezialitäten wie Kaninchenpastete und gebratenes Spanferkel bekam. Botin heiratete eine Asturierin, blieb jedoch kinderlos, sodass nach dem Tod des Gastrochefs ein Neffe das Geschäft übernahm.

Dessen Sohn Cándido Remis emanzipierte sich 1725 mit einer Zweigstelle in der Calle de los Cuchilleros. Das neue Gebäude existierte bereits seit 1590, und beide Restaurants florierten viele Jahre lang parallel. 1765 fand im neuen Botín übrigens der junge Maler Francisco de Goya eine Stelle als Koch, um mit dem verdienten Geld nach Italien reisen und dort seine Malerstudien fortsetzen zu können.

Aber die Tatsache, dass beide Restaurants den gleichen Namen hatten und praktisch identische Gerichte anboten, war für die Stadtverwaltung problematisch. Am Ende, konkret im Jahr 1886, durfte die »Patisserie von Cándido, Neffe von Botín« in der Calle de los Cuchilleros 17 ganz legal das Logo des Botín tragen. Das Restaurant wurde renoviert, und der Ofen stand nicht mehr still. Der Erfolg war überwältigend, wogegen das Lokal an der Plaza de Herradores im ersten Drittel des letzten Jahrhunderts schließen musste. In den 1930er Jahren taufte der neue Besitzer Emilio González die Patisserie auf den Namen »Restaurante Sobrino de Botín«.

Heute zählt der Botín in der Calle Cuchilleros zu den berühmtesten Gourmettempeln der Stadt und hat sogar den Guinnessbuch-Eintrag als ältestes Restaurant der Welt. Die zeitgenössische Literatur hat den Botín oft zitiert. F. Scott Fitzgerald, Graham Greene, Frederick Forsyth und James A. Michener haben das Restaurant in ihre Werke aufgenommen. Und Hemingway schrieb in seinem Buch »Fiesta«: »Wir aßen im Botín, im oberen Saal. Eines der besten Restaurants der Welt. Gebratenes Spanferkel und ein guter Rioja ...«

Adresse Calle de los Cuchilleros 17, Sol | ÖPNV Metro 1, 2, 3, Haltestelle Sol | Öffnungszeiten Mo–So 13–16 und 20–24 Uhr | Tipp Neben Spanferkel gibt es auch butterweiches Lamm aus dem Holzkohleofen. Nur wenige Meter vom Botín entfernt kann man ähnlich authentisch in der Posada de la Villa in der Calle Cava Baja essen.

10 Die Buchhandlung San Ginés

Zauber der Vergangenheit

Die kleine Buchhandlung auf der Ecke zwischen der Gasse San Ginés und der quirligen Calle Arenal hat Seltenheitswert. Ein Buchladen voller Werke, die schon längst nicht mehr in den Verlagskatalogen zu finden sind. Die Bücher stapeln sich in den antiken Regalen, die in die Hausfassade integriert sind und deren Böden sich unter dem Gewicht der alten Bände biegen. Bei gutem Wetter werden zusätzliche Bücher auf Tischen auf der Straße ausgebreitet, die an einen Trödelmarkt erinnern.

Man spürt den Zauber einer alten Buchhandlung, die der rasanten Eroberung durch riesige Buchladenketten, die kleine Geschäfte gnadenlos vom Markt gedrängt haben, tapfer standgehalten hat. Hier finden die Liebhaber alter und seltener Bände ihren Stoff. Manche Bücher stammen gar aus dem 19. Jahrhundert. Der kleine Ort sprudelt geradezu vor Geschichte, ebenso wie das Gebäude, in dem die Buchhandlung San Ginés zu Hause ist.

Neben alten Werken, die man schon gar nicht mehr auf dem Büchermarkt vermutet, findet man auch viele gebrauchte Bücher zu Preisen, die – ähnlich wie der Buchladen selbst – an längst vergangene Zeiten erinnern. Hier kann man stundenlang stehen, in Büchern blättern und staunen, ohne zu merken, wie die Zeit vergeht.

Die Sehnsucht nach den kleinen Buchhandlungen von einst, die eine eigene Seele haben und wie ein Teil der Geschichten wirken, die ihre Protagonisten erzählen, hat in den letzten Jahren mutige Projekte ins Leben gerufen und einer neuen Generation von Buchläden auf die Sprünge geholfen. Die neuen, individuellen Buchhandlungen haben den großen, anonymen Ladenketten einen stillen Kampf angesagt und setzen auf einen Mix aus Kaffeehaus und Buchladen, wo man seine Lieblingswerke in Ruhe aussuchen und bei einer Tasse Kaffee oder Tee lesen kann.

Adresse Pasadizo de San Ginés 2, Sol | ÖPNV Metro 1, 2, 3, Haltestelle Sol | Öffnungs-
zeiten Mo–So 11–20 Uhr | Tipp Einen Katzensprung entfernt befindet sich die Chocola-
tería San Ginés, wo man sein neu erstandenes Buch bei einer Tasse heißer Schokolade mit
Churro-Gebäck lesen kann.

11 Die Calamares-Brötchen an der Plaza Mayor

Backfisch à la Madrileña

Zwei simple Zutaten wie ein Brötchen und frittierte Tintenfischringe sind nötig, um eine der beliebtesten kulinarischen Spezialitäten der Stadt zu kreieren: das Calamares-Brötchen. Zu den obligatorischen Besuchen gehört dementsprechend ein Abstecher an die Plaza Mayor, wo sich die Kultbars des Fischbrötchens befinden. Lokale wie die Cafetería Magerit, die Cervecería Plaza Mayor oder El Soportal sind die unangefochtenen Klassiker des Metiers mit den besten Brötchen der Stadt. Sightseeing macht eben nun mal hungrig, und hier ist der perfekte Ort, um sich mit einem Bocata und einem frisch gezapften Bier eine Verschnaufpause zu gönnen. Übrigens ist die kleine Zwischenmahlzeit so ziemlich das einzige gastronomische Vergnügen am Platz, das nicht mit überteuerten Touristenpreisen bezahlt wird. Erfreulicherweise liegt der Durchschnittspreis bei günstigen drei Euro und ist somit für jedermann erschwinglich. Die Tradition soll schließlich aufrechterhalten bleiben.

Das perfekte Calamares-Brötchen wird nur an einer Seite aufgeschlitzt, um es dann mit den Tintenfischringen zu befüllen, die zuvor in Mehl und Ei gewälzt und dann frittiert wurden. Dabei ist es wichtig, dass die Calamares eine ganz besonders zarte Konsistenz erhalten, damit man nicht das Gefühl bekommt, auf einem Gummiring zu kauen. Das, zugegeben, ziemlich fettige Brötchen wird wahlweise mit Knoblauchmayonnaise oder ein paar Spritzern Zitronensaft aufgepeppt.

Selbst Sterneköche wie Sergi Ariola haben an ihren eigenen Kreationen des Calamares-Brötchens gefeilt. Ariola schaffte eine veredelte Variante, wobei er sich so nah wie möglich an das Grundrezept hielt. Shiso-Sprossenkeimlinge, eine Vinaigrette aus Ingwer, Calamares-Tinte und Zitronenmarmelade verleihen dem klassischen Tintenfisch-Brötchen eine ganz neue Dimension.

CASA RUA

¡¡¡ LOS MEJORES !!!

BOCADILLOS

DE

CALAMARES

Adresse Plaza Mayor, Sol | ÖPNV Metro 1, 2, 3, Haltestelle Sol | Öffnungszeiten Mo–So durchgehend geöffnet | Tipp Wer trotz Tintenfisch-Brötchen hungrig bleibt, kann auch die legendären Rühreier oder andere typische Gerichte im Casa Lucio in der Calle Cava Baja 35 probieren. Hier lassen sich auch nationale und internationale Filmstars, berühmte Fußballer und selbst die Königsfamilie vom Küchenchef verwöhnen, wie die riesige Fotogalerie an den Wänden beweist.

12 Die Calle del Codo

Madrids stillste Straße

Die knapp 75 Meter, die den Platz Conde de Miranda mit der Plaza de la Villa verbinden, verströmen ein Ambiente von Ruhe und Gelassenheit. Fast bekommt man den Eindruck, dass die Calle del Codo gar nicht erst gefunden werden will. Schüchtern liegt sie dort, so ganz schmucklos und unspektakulär. Ohne laute Geschäfte, Bars oder Kneipen, die in Madrid doch an jeder Ecke zu finden sind. Nur der kleine Fahrradshop und ein Friseur haben es gewagt, ein wenig von dem Zauber zu brechen, der sich hinter diesen Mauern verbirgt. Vielleicht gerade deshalb ist diese Straße etwas ganz Besonderes. Sie hat sich seit ihrer Existenz so gut wie nicht verändert. Dieselben Gebäude und dieselben Hauseingänge wie vor 300 Jahren.

Der namentliche Bezug zum »Ellenbogen« beruht auf der Tatsache, dass die Straße eine scharfe 90-Grad-Biegung macht und deshalb an einen gekrümmten Arm erinnert. Deshalb zeigt auch das handgemalte Straßenschild einen krummen Arm in einer mittelalterlichen Rüstung.

Hinter ihren Mauern verbergen sich viele Geheimnisse und Erinnerungen, deren stumme Zeugen der Torre de los Lujanes und das Carboneras-Kloster sind. So weiß kaum jemand, dass zu Beginn des 16. Jahrhunderts François I., König von Frankreich, eine Zeit lang im Lujanes-Turm in der Verbannung lebte. Im 19. Jahrhundert nutzte man den Turm als Telegrafenamt, und 1895 wurde hier der Madrider Presseverband gegründet. Das Heiligenbild, das dem Carboneras-Kloster seinen Namen gab, wurde in der Calle del Codo von spielenden Kindern zwischen einem Kohlehaufen gefunden und war völlig intakt.

In der vielleicht kuriosesten Geschichte, die über die Straße erzählt wird, spielt der bekannte Autor Francisco Quevedo die Hauptrolle. Wenn er von seinen Kneipentouren kam, soll er es sich zur Gewohnheit gemacht haben, vorzugsweise in der Calle del Codo zu urinieren. Immer am gleichen Hausportal.

CALLE DEL CODO

Adresse Calle del Codo, Palacio | ÖPNV Metro 2, 5, Haltestelle Ópera | Tipp Nur wenige Meter entfernt, in der Calle San Justo 4, liegt die Basílica de San Miguel mit ihrer atemberaubenden Fassade.

13__Die Calle Mayor N°61

Schmal ist relativ

Gerade mal ein Balkon pro Stockwerk hat an der Fassade des Gebäudes in der Calle Mayor Nummer 61 Platz, ganz im Gegensatz zu den Nachbarhäusern, wo sich gleich zwei oder drei Balkone nebeneinanderreihen. Die knappen fünf Meter Breite geben nun mal nicht mehr her. Das Gebäude ist aber nicht nur als schmalstes Haus der Stadt in die Geschichte eingegangen, sondern auch als Wohnsitz des berühmten Dichters Pedro Calderón de la Barca. Der Autor von Werken wie La Vida es sueño (Das Leben ein Traum) hat hier bis zu seinem Tod am 25. Mai 1681 gelebt.

Das Gebäude konnte dank des beherzten Einsatzes von Don Ramón de Mesonero Romanos knapp vor dem Abriss gerettet werden. Mesonero Romanos war in der zweiten Hälfte des 19. Jahrhunderts als Stadtchronist tätig. Als die Handwerker zum ultimativen Schlag übergehen wollten, vertrieb er sie kurzerhand mit Stockhieben. Letztendlich gab ihm die Stadtverwaltung recht und erkannte den historischen Wert des Gebäudes an.

Den Titel als schmalstes Haus der Stadt hat es aber eigentlich gar nicht verdient. Man muss nur ein paar Hausnummern weiter gehen und findet in der Calle Mayor Nummer 57 eine Fassade, die gerade einmal 3,68 Meter breit ist. Der heimliche Spitzenreiter befindet sich in der Calle Postas Nummer 6 und schießt mit 3,11 Metern Breite den Vogel ab. Die einzelnen Etagen erreicht man direkt vom Lokal im Erdgeschoss. Und auch hier hat man immer noch Platz genug gefunden, um jedes Stockwerk mit einem eigenen Balkon auszustatten.

In der Altstadt von Madrid gibt es mehrere Gebäude in dieser Bauweise, die mittlerweile fast alle zu Geschäften umfunktioniert wurden. Ihre Waren präsentieren sie auf den einzelnen Stockwerken, die mit einer inneren Treppe verbunden sind. Nichts für faules Fußvolk, aber sie sorgen in jedem Fall für überraschte Kunden, wenn sie die originelle Bauweise von innen erkunden können.

Adresse Calle Mayor 61, Sol | ÖPNV Metro 1, 2, 3, Haltestelle Sol; Metro 2, 5, Haltestelle Ópera | Tipp Machen Sie einen Abstecher zum Mercado de San Miguel an der Plaza de San Miguel. Die zur Gastro-Hochburg umgebaute Markthalle aus dem frühen 20. Jahrhundert lockt unter ihrer gigantischen Eisenkonstruktion mit Wein, Champagner, Austern, Tapas und feinsten Delikatessen.

14 Die Calle Rompelanzas

20 Meter Madrid

Sie ist so kurz, dass gerade mal ein Eisgeschäft, ein winziger Hot-Dog-Laden und eine Modeboutique auf den knapp 20 Metern der kürzesten Straße Madrids Platz haben. Die Rede ist von der Calle Rompelanzas, die schon fast unbemerkt zwischen der Einkaufsmeile Calle Preciados und der Calle del Carmen verläuft. Und obwohl die Straße in einer der belebtesten Gegenden der Stadtmitte zu finden ist, wissen die wenigsten Madrilenen von ihrer Existenz oder gar ihrer Eigenschaft als kürzeste Straße der Stadt.

Tatsächlich gibt schon ihr Name »brechende Lanze« darüber Aufschluss, dass sie bereits zu Beginn ihrer Existenz im 16. Jahrhundert extrem kurz und vor allem sehr schmal gewesen sein muss. Laut der Überlieferung war die Straße schon bald nach ihrer Eröffnung bei den Kutschern ziemlich unbeliebt, denn es war praktisch unmöglich, diese enge Gasse unfallfrei zu passieren. Viele von ihnen mussten miterleben, wie die Holzbalken – sogenannte »Lanzen« –, die ihre Kutsche mit den Pferden verbanden, durch das Scharren an den Hauswänden auseinanderbrachen. An das Malheur erinnert auch das handgemalte Straßenschild der Calle Rompelanzas.

Wenn es um die Frage nach der längsten Straße von Madrid geht, liegt die Antwort klar auf der Hand. Mit über zehn Kilometern Länge und über 700 Hausnummern zieht sich die Calle Alcalá quer durch Madrid und ist selbst Spaniern aus anderen Regionen ein Begriff. Spaßvögel behaupten auch gern, Madrid habe die längste Straße der Welt. Dabei handelt es sich um eine quirlige Gasse voller Bars und Restaurants zwischen der Calle Espoz y Mina und der Calle Carretas. Sie beginnt als Calle Cádiz und endet als Calle Barcelona. Wenn man bedenkt, dass die katalanische Hauptstadt fast 1.300 Kilometer vom andalusischen Cádiz entfernt liegt, ist es beachtlich, wie man diese Distanz in Madrid in knapp einer Minute zurücklegen kann. Das schafft noch nicht einmal der Höchstgeschwindigkeitszug AVE.

CALLE DE ROMPELANZAS

ALFREDO RVIZ DE LVNA
- MADRID -

Adresse Calle Rompelanzas, Sol | ÖPNV Metro 1, 3, 5, Haltestelle Callao | Tipp Befriedigen Sie Ihre Shopping-Gelüste im Kaufhaus El Corte Inglés, im französischen Medienhaus FNAC oder in den fünf Stockwerken vom Kultlabel Desigual an der Plaza Callao.

15__Die Casa de Cordero

Im Lotto gewonnen

Zwei Bären tragen das Wappen der Casa de Cordero, eines herrschaftlichen Hauses an der Puerta del Sol zwischen den Straßen Mayor und Esparteros. Santiago Alonso Cordero hatte das Grundstück, auf dem ursprünglich ein Kloster stand, 1841 im Rahmen einer öffentlichen Versteigerung erworben, um sich dort sein Traumhaus errichten zu lassen. Dass er hierzu die atemberaubende Summe von 17 Millionen Reales aufbrachte, war eine Sensation. Der Preis war maßlos überzogen, selbst wenn man berücksichtigt, dass die Lage schon damals das kommerzielle Herz der Stadt ausmachte. Cordero stammte aus einfachen Verhältnissen. Aufgewachsen in einem kleinen Dorf in der Provinz León, kam er nach Madrid, wo er sich immerhin bis zum Stadtrat hochgearbeitet hatte. Sein plötzlicher Reichtum blieb jedoch für viele ein Rätsel.

Die Auflösung brachte schließlich der Journalist Ramón Gómez de la Serna in seinem Werk »Die Geschichte der Puerta del Sol« (1920) ans Tageslicht: Cordero hatte das unverschämte Glück gehabt, von einem Tag auf den anderen Millionär geworden zu sein – die Weihnachtslotterie hatte es möglich gemacht! Angeblich hatte er einen so großen Batzen Geld gewonnen, dass die Schatzkammer Probleme gehabt hatte, ihm den kompletten Betrag auf einmal auszuzahlen. Sogar der König traf sich zu einem persönlichen Gespräch mit Cordero und schlug ihm eine Ratenzahlung vor. Sonst wäre um ein Haar die Staatskasse Pleite gegangen. Und da sich Cordero nicht lumpen ließ, ging er auf die Bedingungen ein und forderte als Teilzahlung das Grundstück an der Calle Mayor. Dort ließ er das schönste und größte Mehrfamilienhaus der Stadt errichten.

Das Institut für Madrilenische Studien hält übrigens die Theorie des Lottogewinns für gegenstandslos. Santiago Alonso Cordero taucht in keinem der Verzeichnisse auf, die über die damaligen Lottogewinner geführt wurden. Der Ursprung seines plötzlichen Reichtums bleibt deshalb geheimnisvoll.

Adresse Calle Esparteros, Ecke Calle Mayor, Sol | ÖPNV Metro 1, 2, 3, Haltestelle Sol |
Tipp Der Kilometerstein Null an der Puerta del Sol ist der Ausgangspunkt der wichtigsten
Landstraßen des Landes und das Lieblingsfotomotiv aller Touristen.

16__Casa Labra

Stockfisch, Thunfisch und die spanischen Sozialisten

In der Nähe der Puerta del Sol findet man eine kleine alte Taverne, die nicht so schnell zu entdecken wäre, wenn sich nicht regelmäßig meterlange Schlangen vor der Tür bildeten. Hier wachen die Kellner wie Türsteher darüber, wie viele hungrige Mäuler eingelassen werden. Sonst droht im Inneren nämlich Überfüllungsgefahr.

Einmal eingelassen, fühlt sich der Gast wie in einem Zeitsprung um 150 Jahre zurückversetzt. Die Dekoration wurde seit der Gründung des Lokals im Jahr 1860 so gut wie nicht verändert. Das Essen wird an der Auslagetheke am rechten Eingang abgeholt. Man wählt zwischen den beiden Klassikern »frittierter Stockfisch« oder »Thunfisch mit Tomate« und bestellt dann die Getränke an der Bartheke. So viel Zeit muss sein.

Neben den Fischspezialitäten verdankt das Casa Labra seinen Ruhm aber vor allem den spanischen Sozialisten, die hier 1879 ihre Partei gegründet hatten.

Dass die spanische Arbeiterpartei ausgerechnet in einer Kneipe zum Leben erweckt wurde, hat folgenden Grund: Zu jener Zeit war die Meinungsfreiheit in Spanien noch ein Fremdwort, und auch Vereine durften sich nicht öffentlich treffen. Parteigründer Pablo Iglesias und seine 25 Gefährten mussten deshalb einen anderen Grund vortäuschen, um sich zu einem wichtigen Zweck zu treffen. Es war der 2. Mai, und viele Patrioten gingen auswärts essen, um den Gedenktag zu feiern. In fast allen Tavernen fanden Banketts statt, sodass es niemandem auffallen würde, wenn sich die Gruppe von Pablo Iglesias zu einem ganz anderen Zweck zusammensetzte. Im ersten Stock feierten sie ein »Essen der universellen Brüderschaft«, dessen Ziel die Gründung einer Partei war, die sich für die Rechte der Arbeiter einsetzte.

Eine Plakette an der Fassade des Hauses erinnert an die heimliche Gründung der sozialistischen Arbeiterpartei. Übrigens wurde sie erst 1881 legalisiert.

Adresse Calle de Tetuán 12, Sol | ÖPNV Metro 1, 2, 3, Haltestelle Sol | Öffnungszeiten Taverne Mo–So 9.30–15.30 Uhr, 17.30–23 Uhr; Restaurant Mo–So 13.15–15.30 Uhr, 20.15–22 Uhr, ganzjährig geöffnet, außer am 1. Januar | Tipp Von hier aus erreicht man schnell die Plaza de las Descalzas mit dem gleichnamigen Kloster aus dem 13. Jahrhundert.

17 __ Casa Mingo

Hühnchen und Sidra im Doppelpack

In den Sidrerías von Asturien wird naturbelassener Sidra von den Kellnern eingeschenkt, indem sie die Flasche kopfüber mit der rechten Hand balancieren und den Apfelwein in ein Glas plätschern lassen, das sie ausgestreckt in der linken Hand halten. Auf diese Weise prickelt der Apfelwein im Glas. In Madrids ältester Sidrería serviert man vorzugsweise süßen Sidra, der mit Kohlensäure versetzt ist. Das erspart den komplizierten Vorgang des Einschenkens und die damit verbundene Schweinerei auf dem Boden. Das Casa Mingo hat seinen Ruhm aber nicht allein dem Sidra zu verdanken, sondern den gegrillten Hähnchen, die im Kombipack mit einer Portion Salat und einer Flasche Apfelwein mehrere hundert Mal am Tag über die Theke gehen. Das Erfolgsgeheimnis der gegrillten Hähnchen ist übrigens laut eigenen Aussagen die Größe des Federviehs: Je kleiner der Hahn, desto schmackhafter. Und natürlich am besten aus Freilandhaltung.

1888 wurde aus einer alten Lagerhalle das Casa Mingo. Zuvor diente sie als erste Produktionsstätte der Stadt für asturischen Sidra. Dank der guten Verbindungen der Asturier, die in den Zügen des benachbarten Bahnhofs Príncipe Pío gearbeitet hatten, versorgte man die Sidra-Fabrik mit Naturprodukten direkt aus Asturien. Das Restaurant wird bereits in der vierten Generation geführt. Chorizo-Würstchen in Sidra sind genauso beliebt wie diverse Käsesorten oder der berühmte Eintopf »Fabada Asturiana«.

Selten passiert es, dass man im riesigen Erdgeschoss des Casa Mingo sofort einen Platz an den antiken Holztischen ergattern kann. In der warmen Jahreszeit werden zusätzlich Tische und Stühle vor dem Lokal aufgebaut.

Hunderte von Sidra-Flaschen und Weinfässern fallen als Erstes ins Auge, wenn man das Restaurant besucht, das schon mehrfach als Kulisse für Filme und Werbespots herhalten durfte. Die Dekoration hat sich seit über 100 Jahren nicht verändert.

Adresse Paseo de la Florida 34, Moncloa (Aravaca) | **ÖPNV** Metro 6, 10, Haltestelle Príncipe Pío | **Öffnungszeiten** Mo–So 11–24 Uhr | **Tipp** Die nahe gelegene Kapelle San Antonio de la Florida beherbergt nicht nur die Gebeine Goyas, sondern auch sensationelle Fresken des Malers an der Kirchendecke.

18 Casas a la Malicia

Boshafte Häuser

Im Zentrum von Madrid sieht man Häuser, die auf den ersten Blick irgendwie seltsam anmuten. Konstruktionen mit Fenstern auf verschiedenen Ebenen und mit unterschiedlichen Größen werfen Fragen nach der vermeintlich chaotischen Bauweise auf. Im Volksmund werden sie »casas a la malicia« genannt.

Die »boshaften Häuser« fanden ihren Ursprung im 16. Jahrhundert, als Madrid zur spanischen Hauptstadt gekürt wurde. Organisatorisch war dies ein ziemlich kompliziertes Unterfangen, denn der König zog mitsamt seinem Gefolge von Toledo nach Madrid und benötigte jede Menge Platz. Unterkünfte für seine Gefolgschaft waren jedoch nicht leicht zu finden, denn Madrid verfügte zu jener Zeit nur über eine Handvoll Gasthöfe und Pensionen. Für den anstehenden Andrang an neuen Bewohnern gab es einfach nicht genügend Pensionen.

König Felipe II. hatte damit kein Problem. Er ließ seinen zukünftigen Palast nach seinem Geschmack ausbauen und genoss die Privilegien seines Standes. Den Madrilenen befahl er kurzerhand, das zweite Stockwerk ihrer Häuser seinen Höflingen, Dienern und Begleitern zur Verfügung zu stellen. Eine Maßnahme, die nicht besonders gut ankam. Aber er hatte nicht mit der Verschmitztheit der Madrilenen gerechnet, die kurzerhand »Renovierungsarbeiten« an ihren Gebäuden vornahmen. Von außen sollte niemand merken, dass zwei Stockwerke vorhanden waren, also baute man die Häuser so um, dass sie einstöckig wirkten, aber in Wirklichkeit Zwischenetagen hatten. Auch Dachstühle und Keller wurden gebaut. Alles zählte, um der Gefolgschaft des Königs in keiner Weise entgegenkommen zu müssen.

Am Ende gab es Tausende »casas a la malicia« in Madrid. Doch die meisten Renovierungsarbeiten waren letztendlich für die Katz, weil jeder, der keine Unterkunft anbieten konnte, eine spezielle Steuer zahlen musste.

Adresse Calle Toro, La Latina | ÖPNV Metro 5, Haltestelle La Latina | Tipp Das Delic an der Plaza de la Paja bietet nachmittags leckere Torten. Abends erfolgt fliegender Wechsel zu den stadtbekanntesten Mojitos.

19__ Die Chocolatería San Ginés

Spanisches Katerfrühstück

Die heiße, dickflüssige Schokolade tropft gefällig von frittiertem Teiggebäck, das wie eine Schlinge geformt ist. Dann wandert die Sünde direkt in den Mund, um ein Stück krossen Teig mit Schokoladenhülle abzubeißen und den »churro« erneut in die dampfende Schokoladentasse zu tunken. Dieses Ritual zelebrieren die Madrilenen am liebsten in der Chocolatería San Ginés, Madrids bekanntestem Schokoladencafé, das seit 1894 seine Gäste in süße Träume versetzt.

Berühmt wurde es vor allem durch seine Lage neben dem ehemaligen »Teatro Eslava«. Die Theaterbesucher machten es sich zur Gewohnheit, nach dem Besuch im Theater »chocolate con churros« im San Ginés zu essen. Wer denkt, dass die Kalorienbombe eher etwas für den Nachmittag ist, wird eines Besseren belehrt, wenn man der Chocolatería morgens um sechs Uhr einen Besuch abstattet. Das Theater wurde vor Jahren in die Diskothek »Joy Eslava« umgebaut. Dank der langen Öffnungszeiten des Cafés strömt man heutzutage nach einer durchtanzten Nacht ins San Ginés, um sich ein erstes Katerfrühstück zu gönnen. Dann mischen sich müde Nachtschwärmer unter die älteren Herrschaften aus der Nachbarschaft, die den Tag ebenso mit einer Portion Schokolade und Churros angehen.

Vor allem japanische Touristen haben großen Gefallen an dem kalorienreichen Frühstück gefunden, sodass 2010 kurzerhand eine Filiale in Tokio eröffnet wurde. Dabei hat man die Churros extra an die japanischen Geschmacksnerven angepasst. Das Café befindet sich im beliebten Ausgehviertel Shibuya und bietet seine Spezialität zur Mittagszeit und nachmittags an. Offenbar haben sich die Japaner noch nicht ganz daran gewöhnen können, Churros nach einer Partynacht zur erfolgreichen Katerbekämpfung einzusetzen. Aber was nicht ist, kann ja noch werden.

Adresse Pasadizo de San Ginés 5, Sol | ÖPNV Metro 1, 2, 3, Haltestelle Sol | Öffnungs-
zeiten Mo, Di 18–6 Uhr, Mi–So 10–6 Uhr | Tipp Nur wenige Schritte vom San Ginés
entfernt befindet sich in der Calle de las Hileras 14 »La Coquette«, die beste Blues-Bar in
ganz Madrid.

20__ Cine Doré

Das älteste Programmkino der Stadt

Der Name könnte für das »vergoldete Kino« stehen oder auch in Anlehnung an den französischen Künstler Gustave Doré gewählt worden sein. Weit gefehlt, die Spanier hatten etwas ganz anderes im Sinn, als sie 1912 das mittlerweile älteste Kino der Stadt unter dem klangvollen Namen Salón Do-Ré eröffneten. Hier machte man nämlich eine Anspielung auf die ersten beiden Tonsilben do und re.

Ursprünglich stand an dem Platz zwischen Antón Martín und Lavapiés eine Holzbaracke, in der die ersten Filme der Epoche gezeigt wurden. Das Prinzip war damals sehr beliebt und vor allem preisgünstig, doch irgendwann wollte die Stadt einen edleren Saal für Filmvorführungen schaffen. Hinzu kam das Problem, dass die damaligen Filmspulen hoch brennbar waren und ein gewisser Sicherheitsstandard eingeführt werden sollte. Tatsächlich war es so, dass immer häufiger Holzbaracken in Flammen aufgingen und sich die damaligen Cineasten bei jedem Kinobesuch praktisch in Lebensgefahr begaben. Ein richtiges Gebäude musste her, und der Architekt Críspulo Moro Cabeza schuf eines der wenigen Gebäude Madrids im Jugendstil.

Was den Sicherheitsstandard und die Bequemlichkeit anging, war das Kino seiner Zeit weit voraus. Unter anderem verfügte es schon damals über acht Notausgänge im Falle eines ausbrechenden Feuers. Im Volksmund nannte man das Kino gerne Palacio de las Pipas in Anspielung auf die Sonnenblumenkerne, Pipas, die während der Filmvorführungen gefuttert wurden. Später hat man sie bekanntlich durch Popcorn ersetzt.

Als das Kino 1963 geschlossen wurde, verfiel das Gebäude dramatisch und sollte eigentlich abgerissen werden. Glücklicherweise gelangte es in den 1980er Jahren in den Besitz des Kultusministeriums, das aus dem Cine Doré die nationale Filmothek machte. Heute sieht man hier feinstes Programmkino aus aller Welt, darunter auch viele deutsche Klassiker.

Adresse Calle Santa Isabel 3, Lavapiés | ÖPNV Metro 1, Haltestelle Antón Martín | Tipp
Um die Ecke gibt es einen alten Markt mit traditionellen Ständen. Er ist idealer Ausgangspunkt auch für Kneipentouren, sei es ab Antón Martín in Richtung Huertas oder in das alternative Szeneviertel Lavapiés.

21 Convento de San Plácido
Im Kloster ist die Hölle los

Das Kloster San Plácido ist wahrscheinlich das religiöse Gebäude mit den meisten Skandalen der Stadt. Hinter seinen Mauern kam es zu schier unglaublichen Szenen. Besuche liebestoller Adeliger, geschwängerte Novizinnen und verteufelte Nonnen waren an der Tagesordnung. Himmel!

Der Grundstein für das Kloster wurde 1623 gelegt. Bereits ein Jahr später lebten hier 30 fleißige Nonnen. Im September 1625 zeigte eine Nonne plötzlich seltsame Verhaltensweisen: Sie wurde aggressiv und hatte teuflische Visionen. Aber sie blieb nicht die Einzige. Kurze Zeit später wiesen 26 von 30 Nonnen ähnliche Züge auf. Der Prior Francisco García Calderón sah sich einer ganzen Meute gotteslästernder Nonnen gegenüber und war mit der Situation völlig überfordert. Er erklärte ihnen schließlich, dass sie den Teufel am einfachsten wieder loswürden, indem sie Sexualkontakt mit ihm hätten. In Angesicht der neuartigen Praktiken, die im Kloster nun die Runde machten, fühlten sich am Ende alle Nonnen vom Teufel besessen, um sich dem Exorzismus des Priors hingeben zu können. Ein anderer Beichtvater stand ihm damals hilfreich zur Seite. Später sollen auch zwei stadtbekannte Aristokraten und Felipe IV. höchstpersönlich das Kloster besucht haben, wenn sie Lust auf die freizügigen Ordensfrauen verspürten. Kurzum, in San Plácido wurden zu jener Zeit die wildesten Orgien der Stadt gefeiert.

Das ließ zwangsläufig die Spanische Inquisition aufhorchen, die der Party ein Ende setzen wollte. Aber es musste auch der Ruf gewisser Persönlichkeiten wie König Felipe IV. geschützt werden. Ein größerer Skandal sollte vermieden werden. Der Prior wurde kurzerhand zu lebenslänglicher Haft verurteilt, weil er seine Nonnen zu sündigen Taten verführt hatte. Die Schwestern verteilte man auf andere Klöster. Heute leben hier wieder fromme Ordensfrauen fernab von allem Bösen, die der heiligen Inquisition sicher viel Freude bereitet hätten.

Adresse Calle de San Roque 9, Malasaña | ÖPNV Metro 2, Haltestelle Santo Domingo und Noviciado | Tipp Casa Julio hat die legendärsten Kroketten der Stadt. Der Klassiker in der Calle Madera 37 konnte selbst Bono von U2 überzeugen.

22___Das Dach vom Círculo de Bellas Artes

Im Reich von Minerva

Wie eine wuselnde Modellstadt breitet sich Madrid vor den Augen des Besuchers auf dem Dach des Círculo de Bellas Artes (CBA) aus. Der Rundumblick ist überwältigend und reicht von den Torres Kío und den vier Türmen im Norden über den Fernsehturm Pirulí, den Retiro-Park, den Prado und Teile der Gran Vía bis hin zum Parque del Oeste und die Berge westlich der Stadt.

Von hier aus sieht man auch viele der berühmten Kuppeln, die sich in Form von gigantischen Skulpturen aus Bronze oder schwarzem Gusseisen auf den Dächern von Madrid tummeln. Ein Paradebeispiel für so ein Monument befindet sich übrigens gleich hier oben in Form von Minerva, dem Markenzeichen des CBA. Schön, stolz und rabenschwarz ragt sie in den stahlblauen Himmel und wacht über das Gebäude. Es war schon ein kompliziertes Unterfangen, die 3.000 Kilo schwere und sechseinhalb Meter hohe Figur von ihrer Fertigungsstätte in Arganda del Rey nach Madrid zu transportieren. Aber der schwierigste Part war definitiv der Transport in den letzten Stock, der damals schon rund eine Million Peseten gekostet hatte.

Der »Zirkel der Schönen Künste« wurde 1880 gegründet und galt jahrzehntelang als reiner Herrenklub, zu dem die Damenwelt keinen Zutritt hatte. In den ersten Jahren des 20. Jahrhunderts saßen berühmte Herrschaften wie der Nobelpreisträger Jacinto Benavente in der Chefetage, und der junge Picasso nahm in den Kunsträumen des Clubs Malunterricht. 1983 öffnete sich der CBA dem Madrider Publikum und organisierte sich neu. Heute gilt er als eines der wichtigsten privaten Kulturzentren Europas. Er veranstaltet Ausstellungen und Konzerte, es gibt ein eigenes Theater und natürlich die Malschule. Jedes Jahr findet hier auch der bekannteste Karnevalsball Madrids statt, den die Gäste über eine eigens hierfür aufgebaute, gigantische Treppe an der Außenfassade erreichen.

Adresse Calle Alcalá 42, Cortes | ÖPNV Metro 2, Haltestelle Banco de España und Sevil-
la | Öffnungszeiten Mo–So 11–15 und 16–21 Uhr | Tipp Die Eintrittskarte für das
Dach im CBA kostet drei Euro. Im Preis inbegriffen sind auch die Ausstellungen (Di–So)
und ein Besuch des legendären Cafés »La Pecera« im Erdgeschoss.

23 __ Das Dalí-Monument

Rettung in letzter Minute

Das einzige Stadtmonument der Welt von Dalí steht nicht etwa in Barcelona, sondern in Madrid. Dem Bürgermeister Enrique Tierno Galván, der nach Francos Tod die Stadt gründlich aufgemöbelt hatte, verdanken die Madrilenen, dass Dalí auch außerhalb von Katalonien einen ganz großen Fußstapfen hinterlassen hat.

Das Design des Kultmonuments nimmt Bezug auf den Physiker Isaac Newton, der in Form einer dreieinhalb Meter großen Statue dargestellt wird. Sie steht auf einem riesigen Würfel aus schwarzem Granit. An den Seiten prangen die eingravierten Buchstaben für Gala, Dalís Muse und Geliebte.

Wer sich mit dem Werk von Dalí auskennt, hat beim Anblick der Figur ein Déjà-vu-Erlebnis. Es handelt sich um die Nachbildung einer Skulptur im Museum von Figueras, der wiederum Dalís Bild Fosfeno de Laporte aus dem Jahr 1932 als Vorlage diente. Die Bronzestatue zeigt eine Art Sportler, der ein kugelförmiges Pendel hält und auf das von Newton entdeckte Gesetz der Gravitationskraft anspielt. Hinter ihm erhebt sich ein gewaltiger Dolmen in fast 14 Meter Höhe, der von drei Säulen getragen wird. Das dritte Element des Monuments bestand aus einem strahlenförmigen Straßenpflaster, das sich sternförmig über den Platz ausbreitete, aber nicht mehr vorhanden ist.

Verantwortlich für das verschwundene dritte Element war die Stadtverwaltung, die 2005 unter dem damaligen Bürgermeister Ruiz-Gallardón die Avenida de Felipe II renovieren wollte. Dafür sollte das Monument an eine andere Stelle versetzt werden, was auch eine Trennung von Dolmen und Skulptur zur Folge gehabt hätte. Glücklicherweise gab es genug Anwohner, die gegen den desaströsen Plan demonstrierten und in letzter Minute Schlimmeres verhindert haben. Das Monument blieb an seinem Platz, aber das Straßenpflaster wurde durch ein anderes ersetzt. Selbstverständlich auf Kosten des Steuerzahlers.

Adresse Avenida de Felipe II, Ecke Calle Antonia Mercé, Goya (Salamanca) | **ÖPNV** Metro 2, 4, Haltestelle Goya; Metro 6, Haltestelle O'Donnell | **Tipp** Gegenüber befindet sich der Sportpalast, in dem neben Sportveranstaltungen auch Konzerte nationaler und internationaler Stars stattfinden.

24 Das Denkmal der Rocker-Oma

Eine späte Leidenschaft

Eine der ungewöhnlichsten Skulpturen der Stadt zeigt Ángeles Rodríguez Hidalgo, eine alte Dame, die nie ohne ihre geliebte schwarze Lederjacke auf die Straße ging und zu den größten Fans der Rockband AC/DC zählte. Dabei hatte Ángeles erst im weisen Alter von 80 Jahren angefangen, sich für Rock- und Heavy-Metal-Musik zu interessieren.

In den 1980er Jahren besuchte sie regelmäßig die Konzerte der legendären Canciller-Halle im Stadtviertel Vallecas, in der die berühmtesten Rockkonzerte Madrids stattfanden. Mit ihrem Charisma und ihrer Art, sich zu kleiden, eroberte Ángeles schnell den Respekt und die Sympathien der jungen Leute und wurde bald zu einer der bekanntesten Persönlichkeiten im Madrider Nachtleben. Später machte sie sich einen Namen als Spezialistin für Rockmusik und bekam sogar eine eigene Kolumne in der spanischen Zeitschrift »Heavy Rock«. Im Rahmen der Rubrik »Frag die Oma« beantwortete sie Fragen rund um das Thema Heavy Metal. Den Höhepunkt ihrer »Karriere« erlangte die alte Dame, als die spanische Rockband Panzer sie als Titelbild für ihr Album »Toca madera« auswählte. Ángeles wird in ihrer geliebten Lederjacke gezeigt und macht das Zeichen der gehörnten Hand, eine typische Geste in der Metal- und Rockszene. Die Künstlerin Carmen Jorba hat sie mit ihrer Skulptur auf der Calle de Peña Gorbea in derselben Pose verewigt, fünf Jahre nach Ángeles' Tod im Jahr 1993. Zuvor hatten berühmte spanische Rockbands auf einem Benefizkonzert im Canciller Gelder gesammelt, um ihrer guten Freundin ein Denkmal zu setzen.

Die Skulptur ist nicht mehr in ihrem Originalzustand zu sehen. Offenbar wurde ihre gehörnte Geste von Bewohnern des Viertels missverstanden, weil sie das Zeichen für einen Teufelsgruß hielten. Deshalb hauten sie kurzerhand die beiden aufgerichteten Finger ab.

Adresse Calle de Peña Gorbea 22, Vallecas | ÖPNV Metro 1, Haltestelle Nueva Numancia | Tipp Rock lebt in Madrid vor allem im Szeneviertel Malasaña weiter. Zu den klassischen Kneipen gehört das »Penta« in der Calle Palma 4, die seit den 1980er Jahren Kultcharakter erreicht hat.

25_Doña Manolita

Das Glück kommt mit der Weihnachtslotterie

Im Blickpunkt: eine Menschenschlange von der Plaza Callao bis zur Calle del Carmen. Gleich mehrere Stunden stehen die Menschen geduldig in der Reihe. Die Touristen staunen und fragen sich, ob es etwas umsonst gibt. Große Augen machen sie, wenn sie den Grund für das Spektakel erfahren: Die Leute wollen doch einfach nur ein Weihnachtslos bei Doña Manolita kaufen!

Dazu muss man wissen, dass die Spanier das lotterieverrückteste Volk der Welt sind. Ganz oben auf der Liste der meistverkauften Lose steht die Weihnachtslotterie, und Doña Manolita ist die berühmteste Lottostelle des Landes. Deshalb beginnt der Hype um ein Los aus der Calle del Carmen bereits Ende November. Bis zum 22. Dezember, dem Tag der Weihnachtslotterie, wird die Schlange täglich länger und kann manchmal einige hundert Meter betragen.

1904 eröffnete Doña Manolita mit nur 25 Jahren ihre erste Lottostelle in der Calle San Bernardo. Da ihre Lose zunächst kein Glück brachten, beschloss sie, auch Losnummern aus anderen Teilen des Landes zu besorgen und in Madrid zu verkaufen. Unter anderem reiste sie mehrfach nach Saragossa, um in der Kathedrale die Heilige Jungfrau Pilar zu besuchen. Von diesen Reisen brachte sie jedes Mal Lose mit, die prämiert wurden.

Mit den Jahren stieg die Trefferquote immer weiter an. Vor allem ihre Weihnachtslose landeten mehrmals unter den Hauptpreisen. Deshalb kaufen mittlerweile Menschen in ganz Spanien Lose von Doña Manolita.

1931 zog sie mit ihrem florierenden Geschäft auf die Gran Vía. Als sie 1951 starb, wurde sie zur Kultfigur, die ihr Leben lang darum bemüht war, eine Glücksbotin zu sein, und nicht wenigen Familien zu einem besseren Leben verholfen hat. Heute verkauft nicht nur die neue Lottostelle in der Calle del Carmen die Lose von Doña Manolita, sondern auch die fliegenden Händler an der Puerta del Sol. Das ist aber nicht das Gleiche.

26 Der englische Friedhof

Rest in Peace

Dicht an dicht drängen sich die grauen Grabsteine und Kreuze auf dem englischen Friedhof. Es ist schattig, und eine fast schon bedrohliche Stille liegt über dem Ort. Viele Gräber wirken zwischen den hochgewachsenen Bäumen verlassen, sind halb verfallen. Immerhin hat der Friedhof bereits zwei Weltkriege und den Spanischen Bürgerkrieg überstanden.

Harte Verhandlungen waren nötig, bevor er 1854 eröffnet werden konnte. In der Stadt lebten Mitte des 19. Jahrhunderts viele Familien britischer Herkunft, die auf den städtischen Friedhöfen nicht bestattet werden konnten, weil sie nicht katholisch waren. Mit der Zeit wurden hier deshalb auch Personen anderer Glaubensrichtungen beerdigt. Lutheraner, Juden, Anhänger der griechischen und anderer orthodoxer Kirchen und selbst Muslime hatten endlich einen gebührenden Bestattungsort.

Dennoch: Der Friedhof unterlag strengen Auflagen der Regierung, die keine Trauerfeiern auf dem Gelände gestattete. Die waren allein den Katholiken vorbehalten. Noch nicht einmal eine Kapelle durfte am Platz errichtet werden, und die Beerdigungen sollten sang- und klanglos stattfinden. Es gibt kein Kreuz an der Fassade, und die Außenmauer lässt auf ein ganz normales weltliches Gebäude schließen. Dabei stößt man bei einem Spaziergang immer wieder auf Mausoleen und Grabstätten bekannter Persönlichkeiten. Hier ruhen drei Mitglieder der Familie Parish, die den berühmten Zirkus Paris gegründet hatte. Auch der Franzose Emilio Lhardy liegt hier. Sein 1839 eröffnetes Restaurant gehört bis heute zu den besten Gourmettempeln der Stadt. Neben Spionen, die für den englischen Geheimdienst tätig waren, findet man auch Gräber linksgerichteter Politiker aus der Zeit der Zweiten Republik.

Heute wird auf dem Friedhof niemand mehr begraben, obwohl es hier und da noch ein Plätzchen für eine Urne gäbe, um zwischen dem Dickicht die letzte Ruhe zu finden.

Adresse Calle Comandante Fontanes 7, Carabanchel | ÖPNV Metro 5, Haltestelle Urgel | Öffnungszeiten Di, Do und Sa 10.30–13 Uhr | Tipp Das Lhardy in der Carrera San Jerónimo 8 gehört neben Botín, Casa Lucio und der Posada de la Villa zu den traditionsreichsten Restaurants der Stadt.

27__Der Espacio Palace

100 Jahre Erinnerungen

Seit 1912 verkörpert das Hotel The Westin Palace die wundervolle Welt des Luxus. Riesige Kronleuchter, Plüsch, gediegene Möbel und jede Menge Tamtam versetzen die Besucher bereits im Eingangsbereich in eine andere Welt, in der die Zeit fast stehen geblieben ist. Anlässlich des 100-jährigen Jubiläums erinnerte man sich daran, dass im Keller des Hotels viele spannende Zeitzeugen und Dokumente aus der Geschichte des legendären Hotels in staubigen Kisten liegen, die man doch eigentlich auch den Besuchern zeigen könnte. So entstand der »Espacio Palace«, ein hoteleigenes Museum mit einzigartigen Schriftstücken und Objekten, denen weder die Jahre noch diverse Kriege etwas anhaben konnten.

Besonders kurios ist ein Schriftstück aus der Brasserie des Hotels, in der sich in den 1930er Jahren junge Künstler und Dichter trafen. In dem Brief wenden sich Federico García Lorca und Salvador Dalí an den Dramaturgen Claudio de la Torre und bitten ihn um 125 Peseten für ihren Freund Luis Buñuel, damit er zurück nach Saragossa reisen kann: »Buñuel hat sein gesamtes Geld ausgegeben. Du bist unsere Rettung. In fünf Tagen bekommst du das Geld wieder. Wir sehen keine andere Lösung!« Vermutlich hatte Buñuel sein Geld schlicht und einfach mit seinen Kumpeln in der Brasserie versoffen. »So intelligent, aber ohne Geld«, bemerkt Lorca sinnigerweise. Dazwischen erkennt man Strichmännchen und Kritzeleien in unverkennbarer Dalí-Manier.

Zu dem Sammelsurium des Palace gehören außerdem alte Rezeptionsbücher, der erste Telefonapparat, die ersten Zimmerschlüssel, altes Porzellan und die berühmte Presse, mit deren Hilfe die Magensäfte aus den Enten befördert wurden – eine Spezialität des Hauses. Auch Besucher, die nicht im Hotel eingecheckt haben, können sich die Erinnerungen ansehen. Eine prima Gelegenheit, einen kurzen Blick in das mythische Hotel zu werfen und 100-jährigen Luxusduft zu schnuppern.

LES DE LA MISMA
MINISTRACION

MADRID
CE, RITZ Y PARIS

RUXELLES
ACE Y ASTORIA

PARIS
CLARIDGE'S

NICE
EGRESCO

SEBASTIAN
ENTAL PALACE

NTANDER
REAL

LYON
ACE · HOTEL

F (BELGIQUE)
EAU ROYAL
RDENNES
(Résidence Royale)

CERVECERIA ALEMANA

55 BILLARES

GRANDES SALONES
PARA FIESTAS Y BANQUETES

ORIENTAL-BAR

TELEFONO M.

Brasserie del Madrid Palace - Hotel

Director-Gerente: OTTO KERCHER

Madrid, _____ de 19____

Handwritten letter (in Spanish) addressed to "Querido Claudio:"

Adresse Hotel The Westin Palace, Plaza de las Cortes 7, Cortes | ÖPNV Metro 2, Halte-stelle Sevilla | Öffnungszeiten Das kleine Hotelmuseum ist offen zugänglich in der Lob-by. | Tipp Noch mehr Luxus gibt es im gegenüber gelegenen Hotel Ritz. Im Frühjahr und im Sommer wird vor allem die Terrasse im Hotelgarten belagert – bei leckeren Tapas und gutem Wein.

28 Der Exorzist
Teufelsaustreibung mit Doktortitel

»Ich beschwöre dich, Satan, Feind der menschlichen Erlösung, die Gerechtigkeit und Güte des Heiligen Vaters anzuerkennen …« Unzählige Male schon hat Pfarrer Fortea mit diesem Gebet einen besessenen Menschen von dem Bösen erlöst. Er gilt als einer der brillantesten Exorzisten der Welt und hat sogar eine Doktorarbeit über den Teufel verfasst.

José Antonio Fortea ist eigentlich in Alcalá de Henares als Pfarrer tätig, eine halbe Autostunde von Madrid entfernt. Aber er gilt universell als der Exorzist aus Madrid und war lange Zeit sogar als Einziger seines Amtes tätig. Nicht jeder taugt dazu, den Teufel zu verjagen. Die Lizenz wird nur solchen Geistlichen verliehen, die bedacht und barmherzig vorgehen. »Viele Diözesen wollen nichts von Teufelsaustreibung wissen«, sagt Fortea. Deshalb gibt es auch nur wenige Exorzisten in Spanien. Dabei sei die Tendenz der Besessenen steigend. Besonders hoch sei die »Infektionsgefahr« mit esoterischen Modespielchen wie Telekinese, Astralreisen, Gläserrücken oder Levitationen. Sie seien eine herzliche Einladung an den Teufel. Tarot fällt übrigens nicht darunter, ist aber dennoch in der katholischen Kirche verboten.

Und wie kann man erkennen, dass jemand tatsächlich vom leibhaftigen Teufel besessen ist? Die Zeichen sind vielfältig. Wer während eines Gebets oder vor einem Kreuz in Rage gerät, unbekannte Sprachen spricht oder plötzlich unmenschliche körperliche Kräfte entwickelt, hat gute Gründe, Vater Fortea einen Besuch abzustatten. Der Kultfilm »Der Exorzist« ist im Grunde genommen sehr realitätsnah. Dank seiner jahrelangen Erfahrung kann Fortea selbst am Telefon unterscheiden, ob es sich um Besessenheit oder einen Fall für die Psychiatrie handelt.

Die Vertreibung erfolgt meist in einer Kirche vor den Familienangehörigen des Opfers und dauert mehrere Stunden oder gar Tage. Je nach Teufel, den es zu vertreiben gilt.

Adresse Parroquia Nuestra Señora de Zulema, Avenida de Madrid, Villalbilla | ÖPNV Nahverkehrszug Linie C2 und C7 ab Atocha, Haltestelle La Garena (Alcalá de Henares), dann Buslinie 231, Haltestelle Villalbilla | Tipp Das benachbarte Alcalá de Henares wurde von der UNESCO zum Weltkulturerbe deklariert und hat den typischen Charme einer kleinen Studentenstadt mit hübscher Altstadt und netten Kneipen.

29 Die Faust-Skulptur auf dem Almudena-Friedhof

Das Trompeten-Problem

In aller Eile eröffnete die Stadt 1884 den Almudena-Friedhof. Die Eröffnung fand ein Jahr vor dem ursprünglich geplanten Zeitpunkt statt, weil in Madrid die Cholera ausgebrochen war und man nicht mehr wusste, wohin mit den vielen Leichen. Deshalb sprach man damals auch vom »Friedhof der Epidemien«. Aber es gab etwas, das die Bevölkerung noch mehr abschreckte als ein Friedhof voller Cholera-Toten. Direkt am Eingang befand sich eine Faust-Skulptur, die von den Madrilenen mehr als gefürchtet war. Im Volksmund handelt es sich um den Engel, der das Jüngste Gericht ausruft. Er spielt an dem Tag auf seiner Trompete, wenn die Toten ins Leben zurückkehren. Die Skulptur zeigte ihn mit dem Instrument, das Faust in Augenhöhe in seiner rechten Hand hielt. Und schnell machten die ersten Gerüchte über nächtliches Trompetenspiel die Runde.

Dabei wurde die wahre Bedeutung des Engels völlig falsch interpretiert. Das lateinische Wort faustus bedeutet eigentlich »günstig, positiv, voraussagend« und hat nichts mit einem Todesengel gemein. Das Jüngste Gericht ist auch nicht mit dem »Ende der Welt« gleichzusetzen, sondern vielmals mit einem Zyklusende, ähnlich wie die Maya-Prophezeiungen. Eine neue Ära beginnt, in der die Menschen lernen können, ihre Spiritualität zu erweitern.

Dennoch war die Statue so angsteinflößend, dass sich viele Menschen bei ihrem Anblick nicht mehr auf den Friedhof trauten. Also versetzte man sie an eine andere Stelle, wo sie weniger sichtbar war.

Heute thront Faust auf der Kuppel einer kleinen Kapelle im modernistischen Stil. Um die besonders hartnäckigen Abergläubigen zu beruhigen, wurde auch die Statue selbst verändert. Der sitzende Faust hält nun seine Trompete ausgebreitet auf seinem Schoss, kann also definitiv nicht mehr in die Lage kommen, auf dem Instrument zu spielen.

Adresse Cementerio de Nuestra Señora de la Almudena, Avenida Daroca 90, La Elipa |
ÖPNV Metro 2, Haltestelle La Elipa | Öffnungszeiten Sommer Mo – So 8 – 19.30 Uhr;
Winter Mo – So 8 – 19 Uhr | Tipp Der jüdische Friedhof in der Ortschaft Hoyo de Man-
zanares. Hier sind Blumen und Kreuze traditionell verpönt, und alle Gräber blicken gen
Süden.

30 Der Fisch in der Calle Pez

… da blieb nur noch der eine

Ein unscheinbarer kleiner Fisch an der Fassade eines Wohnhauses zwischen der Calle Pez und der Calle Jesús del Valle steht stellvertretend für den Namen der Straße, deren Ursprung auf das 17. Jahrhundert zurückgeht. Damals nannte sie sich noch »Der Brunnen des Pfarrers«, denn dort lebte der Geistliche Diego Henriquez. Das Besondere an seinem Haus waren fünf Wassergruben, ein Brunnen und ein Teich voller bunter Fische, die er seinen Nachbarn immer am 24. Juni zeigte, dem Feiertag zu Ehren des heiligen Johannes.

Als der Pfarrer starb, erwarb Felipe II. das Gebäude, um es zu einem Mehrfamilienhaus für einen Teil seines Gefolges umzubauen. Das Grundstück mit dem Teich erhielt Juan Coronel, und seine Tochter Blanca durfte sich von nun an um die Fische kümmern. Leider hatte sie kein gutes Händchen für die Teichbewohner, denn ein Fisch nach dem anderen schied dahin, bis nur noch ein Einziger übrig war. Kurzerhand beschloss sie, ihren letzten Liebling zu retten, indem sie ihn in ein Aquarium verfrachtete, um ständig in seiner Nähe zu sein. Aber auch das nützte nichts. Eines Tages wachte das Mädchen auf und musste frustriert mit ansehen, wie der Fisch leblos an der Wasseroberfläche trieb. Blanca plagte sich mit Selbstvorwürfen und Schuldgefühlen, keinen der Fische gerettet zu haben. Um sie zu beruhigen, ließ Juan Coronel einen Fisch in die Fassade seines Hauses einmeißeln. So lebten die Tierchen wenigstens in der Erinnerung der Nachbarn weiter.

Jahre später wurde die Straße in Anlehnung an die Fischskulptur in »Calle Pez« umbenannt. Das Haus riss man zwar irgendwann ab, aber der Fisch aus Stein konnte gerettet werden und ziert heute das neue Gebäude. Übrigens hatte Blanca die Fischtode niemals überwinden können und ging in das nahe gelegene Kloster von San Plácido, in dem wenige Jahre nach seiner Eröffnung 26 von 30 Nonnen dem Teufel verfallen waren (siehe Seite 50). Unter ihnen war auch Blanca …

Adresse Calle Pez, Ecke Calle Jesús del Valle, Malasaña | ÖPNV Metro 2, 10, Haltestelle Noviciado | Tipp Tapas in der legendären Bar El Palentino in der Calle Pez 12 sind ein Klassiker in Malasaña. Hier erlebt man authentisches Madrider Ambiente, und die Tapas sind nicht nur lecker, sondern auch unglaublich preiswert.

31 Die Flucht aus dem Prado

Die spanischen Kisten, die Franco entkamen

Die Werke im Prado werden Jahr für Jahr von Millionen von Besuchern bewundert. Aber nur wenige wissen von der Odyssee, die die wertvollsten Bilder hinter sich gebracht haben. Der frisch entflammte Bürgerkrieg zwang die damalige republikanische Regierung zur Gründung eines Kunstrats, um die Kulturgüter der Nation zu retten.

Als im November 1936 Francos Truppen die Tore der Hauptstadt erreichten, entschloss man sich zur Evakuierung von 20.000 Bildern. Eine ziemlich gewagte und aufwendige Aktion, denn die Werke wurden hierzu in individuelle Kisten verpackt und in verschiedenen Expeditionen auf eine 350 Kilometer lange Reise geschickt.

In Valencia fanden sie ihre vorläufige Bleibe in den Torres de Serranos, die extra zu diesem Zweck mit einem ausgeklügelten Belüftungssystem ausgestattet wurden. Nie hatten es die Bilder besser als hier. Wenige Tage nach der geglückten Flucht wurde der Prado übrigens tatsächlich von den Fliegerbomben Francos getroffen. Aber die Werke waren gerettet. Noch. Denn schon bald war auch Valencia nicht mehr sicher, sodass der Kunstschatz nach Barcelona und Figueres gebracht wurde. Ein heimlich gegründetes Internationales Komitee organisierte den weiteren Transport der spanischen Kisten nach Genf.

Am 12. März 1939 fuhr ein Sonderzug aus Perpignan in die Schweiz. Die internationale Presse sprach vom »größten Schatz, der jemals transportiert wurde«. Die neun Republikaner, die den Konvoi seit 1936 begleiteten, wurden in Genf wie Helden begrüßt. Aber schon einen Tag später hatte die Schweiz Franco als neuen spanischen Regierungschef anerkannt. Der Schatz musste zurück. Mittlerweile war der Zweite Weltkrieg ausgebrochen, was den Rücktransport nicht gerade einfacher machte. In einem geheimen Zug, der ohne Lichter ganz Frankreich durchquerte, erreichten die spanischen Kisten am 9. September 1939 den Prado.

Adresse Prado-Museum, Calle Ruiz de Alarcón 23, Jerónimos | ÖPNV Metro 2, Halte-stelle Banco de España | Öffnungszeiten Mo–Sa 10–20 Uhr, So 10–19 Uhr | Tipp Der Dokumentarfilm »Las Cajas Españolas« von Alberto Porlan beschreibt in Originalbildern und nachgedrehten Szenen die atemberaubende Flucht der Bilder aus dem Prado.

32 Die Friedenskirche

Fast unsichtbar

Sie ist die Nachbarin vom legendären Hard Rock Cafe und zugleich eine der unbekanntesten Kirchen von Madrid. Stolze Patrizierhäuser pflastern die ersten Meter des achtspurigen Paseo de la Castellana kurz hinter der Plaza de Colón. Kirchen sind hier eher eine Rarität. Dabei ist das zierliche Gotteshaus ein wahres Schmuckstück. Seit dem 27. Januar 1909 steht es im Dienste der deutschen protestantischen Glaubensgemeinschaft. Mit seinen romanischen, westgotischen und byzantinischen Elementen erinnert es an ein kleines mittelalterliches Kloster. Hinter dem Eingangstor betritt man einen zauberhaften Hof mit dichtem Baumbestand und Palmen. Erst auf den zweiten Blick wird klar, dass es sich um eine Kirche handelt. Sie könnte auch ein Überbleibsel der vielen Häuser sein, die in den 1970er Jahren dem Bauboom auf der Castellana zum Opfer gefallen sind. Tatsächlich hat sich die Friedenskirche damals um Haaresbreite vor dem Abriss gerettet. Nicht so die Deutsche Botschaft, die sich nebenan befand.

Als die Kirche eröffnet wurde, war auch ein Glockenturm geplant, der nie gebaut wurde, weil er in der spanischen Bevölkerung als Provokation galt. 1909 sah das katholische Madrid die protestantische Konkurrenz als höchst problematisch an. Carlos Clemente, ein renommierter Architekt der Universität Alcalá de Henares, hatte die Kirche restauriert und wusste: »Das Problem ist nicht religiös, sondern politisch gelagert.« In Spanien und Deutschland triumphierte in den Jahren vor dem Ersten Weltkrieg der Nationalismus. Dass eine protestantische Kirche in diesem Moment den Anspruch auf die Westgoten erhob und obendrein einen Glockenturm aufsetzen wollte, war unverfroren. Die Kirche wurde deshalb in aller Stille errichtet und als Kapelle der Deutschen Botschaft getarnt. Laut Clemente ist sie einzigartig in Madrid und beherbergt die größte Kapitellen-Sammlung in ganz Spanien. Neben Deutschen besuchen auch Schweizer und Skandinavier ihre Gottesdienste.

Adresse Paseo de la Castellana 6, Recoletos | **ÖPNV** Metro 4, Haltestelle Colón | **Tipp** Madrid steckt voller Kontraste. Wie wäre es nach dem Kirchenbesuch mit einem Abstecher ins Hard Rock Cafe in Hausnummer 2? Ein Muss: Erinnerungsfoto vor der voluminösen Skulptur »Frau mit Spiegel« von Fernando Botero an der Plaza Colón.

33 Der Garten im Atocha-Bahnhof

Zwischen Kokospalmen und Schildkröten

Es besteht kein Zweifel. Was da zwischen Bahnsteigen und Zügen saftig grün hervorlugt, ist ein riesiger tropischer Garten, der mitten im Atocha-Bahnhof angelegt wurde. Palmen, von denen einige Exemplare beinahe an das hohe Glasdach stoßen, Bananenbäume, Farnkraut, Drachenbäume, Glockenblumen und chinesische Rosen – auf insgesamt 4.000 Quadratmetern gedeihen über 500 Arten in feuchtwarmer Atmosphäre. So ist das nun mal in den Tropen. Der Architekt Rafael Moneo hatte die geniale Idee, das Warten auf den Zug etwas angenehmer zu gestalten, und verwandelte Anfang der 1990er Jahre das alte Bahnhofsgebäude aus dem Jahr 1851 in ein tropisches Paradies. Selbst einige Tierarten haben hier ein neues Zuhause gefunden. Ein ausgeklügeltes Sprinklersystem hält den Feuchtigkeitspegel konstant und macht das tropische Ambiente möglich, das die Pflanzen zum Überleben benötigen. Da es hier immer schön warm ist, kommen nicht nur Reisende, sondern auch Besucher, die im Garten ihre Zeitung lesen oder in den benachbarten Cafés etwas trinken. Im Winter ist der Garten im Atocha-Bahnhof auch bei Obdachlosen beliebt, die für ein paar Stunden am Tag Madrids trockene, kalte Winterluft gegen angenehme Temperaturen tauschen.

Zu den beliebtesten Spezies gehören die fleischfressenden Pflanzen, die hier so groß sind, dass sie mit den Winzlingen aus einem Blumenladen nicht mehr viel gemeinsam haben. Neben bunten Tropenfischen tummeln sich auch unzählige Schildkröten in einem künstlich angelegten See, die in ihrem alten Zuhause nicht mehr willkommen waren. Das Aussetzen von Tieren ist in dem Garten zwar verboten, wird aber immer wieder gern von einigen verantwortungslosen Zeitgenossen praktiziert. Manchmal sorgt diese Praktik gar für Panik unter den Besuchern, wenn jemand zwischen den Schildkröten plötzlich eine Schlange sichtet.

Adresse Atocha-Bahnhof, Glorieta de Carlos V, Palos de Moguer | ÖPNV Metro 1, Haltestelle Atocha und Atocha Renfe | Öffnungszeiten Mo–So 6–1 Uhr | Tipp Kulturfans können sich das Casa Encendida an der Ronda de Valencia 2 nicht entgehen lassen. Hier gibt es Ausstellungen, Workshops, Konzerte und jede Menge Kultur für jeden Geschmack. Der Eintritt ist frei.

34_Der gefallene Engel

666 Meter über dem Meeresspiegel

Die grüne Lunge von Madrid ist gespickt mit Monumenten und Skulpturen, von denen die meisten aus dem 19. Jahrhundert stammen. Doch längst nicht alle Besucher ahnen, dass im Retiro-Park auch die weltweit erste und bislang einzige Statue zu Ehren des Teufels ihren Platz gefunden hat.

Der »gefallene Engel« wurde 1877 von Ricardo Bellver aus Bronze gefertigt und ein Jahr später auf der Expo in Paris vorgestellt. Er repräsentiert Luzifer in dem Moment, als er von einer siebenköpfigen Schlange in die Hölle gezerrt wird. Hierzu hatte sich Bellver von John Miltons erstem Buch »Das verlorene Paradies« inspirieren lassen: Luzifer wird mit seiner gesamten Gefolgschaft rebellischer Engel vom Himmel in die Hölle befördert, um niemals zurückzukehren.

Was die wenigsten wissen – die Statue befindet sich an einer Stelle, die exakt 666 Meter über dem Meeresspiegel liegt. Zufall oder Absicht? Wenn man bedenkt, dass die Apokalypse die Nummer 666 als Zahl des Teufels identifiziert, fragt man sich natürlich, warum die Stadt die polemische Statue an dieser signifikanten Stelle errichten ließ. Sowieso war es ein Skandal, dass Bellvers Werk überhaupt in einem öffentlichen Park ausgestellt wurde. Vor allem die konservative Gemeinde war untröstlich und beschwerte sich: Muss das sein?

Andere befanden jedoch, dass der gefallene Engel gar nicht unbedingt als negatives Symbol ausgelegt werden müsste. Immerhin wird er von einer Schlange umgeben, die auch als Symbol der Weisheit gilt, wie schon der Apostel Matthäus wusste: »Sanft wie die Taube und weise wie die Schlange.« Die Etymologie des Namens Luzifer geht auf Lux fero, den Träger des Lichts, zurück. Man kann ihn also auch als ein erleuchtetes Wesen deuten, obwohl er in der Abbildung im Retiro-Park unmissverständlich seinem Schicksal verfallen ist.

Adresse Jardínes del Buen Retiro, Jerónimos | ÖPNV Metro 2, Haltestelle Retiro; Metro 9, Haltestelle Ibiza, je nach Eingang | Öffnungszeiten Sommer 6–24 Uhr; Winter 6–22 Uhr | Tipp Wer keine Lust auf eine Bootsfahrt auf dem Teich hat, besucht den Rosengarten. Cecilio Rodríguez legte ihn im Stil der europäischen Königsgärten im 20. Jahrhundert an.

35 Das Glasmonument

Erinnerung an die Opfer vom 11. März

Der erste Anruf kam morgens um 7.39 Uhr. Eine Explosion im Atocha-Bahnhof wurde gemeldet. Dabei sollte es nicht bleiben. Zehn Bomben, vier explodierte Züge und 191 Tote waren die Horrorbilanz, als der 11. März 2004 vorbei war. Auch Nahverkehrszüge in den Vororten El Pozo und Santa Eugenia sind in die Luft gesprengt worden. Es war die blutige Handschrift von El Kaida. Noch wochenlang nach den Anschlägen kamen die Menschen in Massen zum Atocha-Bahnhof, bedeckten den Boden mit Blumen, Kerzen und Erinnerungen an die Opfer und hinterließen handgeschriebene Botschaften und Gebete auf den Bahnhofswänden.

Drei Jahre später eröffnete die Stadt vor dem Eingang zum Bahnhof ein Monument aus Glas in Gedenken an die Opfer vom 11. März. Von der Straße aus ist lediglich die elf Meter hohe Glaskuppel zu sehen, deren Baumaterial übrigens aus Deutschland stammt. Im Inneren des 160 Tonnen schweren Monuments findet man einen schalldichten Ort zum Nachdenken. Nichts vom draußen tobenden Verkehrschaos dringt durch diese Wände. Das Gebäude wurde extra so konzipiert, dass man erst von innen den Sinn und die Atmosphäre wahrnehmen kann, die hier erzeugt werden sollen. Mit einer speziellen Lasertechnologie wurden die Namen der Opfer in die Wände graviert. An anderer Stelle kann man viele der Botschaften sehen, die ursprünglich auf den Bahnhofswänden geschrieben standen. Man liest Dinge wie: »Etwas ist von uns gegangen«, »Es gibt keinen Grund«, »Nichts ist mehr wert als ein Lächeln« und »Warum töten sie?«.

Atocha ist nicht der einzige Ort in Madrid, der an die Anschläge erinnert. Im nahe gelegenen Retiro-Park befindet sich der »Bosque del Recuerdo«, der »Erinnerungswald«. 170 Zypressen und 22 Olivenbäume erinnern an die 191 Opfer und den Polizisten, der am 3. April 2004 starb, als sich sieben der Attentäter vom 11. März in einem Wohnhaus in die Luft sprengten.

Adresse Atocha-Bahnhof, Glorieta de Carlos V, Palos de Moguer | ÖPNV Metro 1, Haltestelle Atocha und Atocha-Renfe | Öffnungszeiten Mo–So 10–20 Uhr | Tipp Ein Blick auf die drei spektakulären Freimaurer-Skulpturen auf dem Dach des gegenüberliegenden Landwirtschaftsministeriums am Paseo de la Infanta Isabel 1.

36__Goyas Grab in San Antonio de la Florida

Der verschollene Schädel

Die Kapelle San Antonio de la Florida ist die letzte Grabstätte von Francisco de Goya. Hier ruht sein Körper in einem Sarkophag, wobei ein entscheidender Körperteil fehlt: Sein Kopf wurde nie gefunden. Für den rätselhaften Verbleib von Goyas Schädel gibt es mehrere Erklärungen. Antonina Vallentin schrieb Mitte des 19. Jahrhunderts eine Biografie von Goya und verwies auf ein Bild des asturischen Malers Dionisio Fierros mit dem Titel »Goyas Kopf von Fierros im Jahr 1849«. Die Autorin erfuhr von dessen Witwe und Enkeln, dass sich in seinem Atelier ein Totenschädel befand, der den Titel des Bildes erklärte und möglicherweise von Goya stammte. Jahre später soll einer seiner Neffen, der Medizin studierte, mit dem Schädel ein Experiment veranstaltet haben, um die expansive Kraft von Gas zu testen. Hierzu füllte er den Totenkopf mit gequollenen Kichererbsen, woraufhin der Schädel in 1.000 Stücke barst. Weil der Student nicht wusste, wohin mit den Fragmenten, verfütterte er sie seinem Hund als Mittagessen.

Eine zweite Theorie handelt von einem Arzt und Freund Goyas, der dazu bemächtigt war, den Schädel nach dessen Tod für phrenologische Studien einzusetzen. Er schickte ihn kurzerhand nach Paris, wo er dann verloren ging.

Das Wissen, dass Goya ohne seinen Kopf begraben wurde, verdankt man dem spanischen Konsul von Bordeaux, Joaquín Pereyra. 1880 entdeckte er Goyas Grab auf einem Friedhof in Chartreuse und stellte nach der Exhumierung fest, dass das Skelett unvollständig war. Es gibt auch eine romantische Version für das mysteriöse Verschwinden des Kopfes. Sie berichtet, dass Goyas letzter Wunsch darin bestand, seinen Kopf und sein rechtes Bein in Madrid neben den Überresten der Herzogin von Alba zu begraben, die als Liebe seines Lebens in die Geschichte eingegangen ist.

Adresse Glorieta de San Antonio de la Florida 5, Moncloa (Aravaca) | ÖPNV Metro 6, 10, Haltestelle Príncipe Pío | Tipp Jedes Jahr am 13. Juni findet hier das beliebte Volksfest Verbena de San Antonio de la Florida statt.

+ 1828   GOYA

37__Die Granitkappen von Dehesa de la Villa

Wasser auf Reisen

Acht kuriose Steine aus Granit, die an Pyramiden erinnern, denen man die Spitze abgehauen hat, verteilen sich im Park Dehesa de la Villa. Die Granitkappen sind der sichtbare Teil der unterirdischen Wasserwege, die vom 17. Jahrhundert bis 1858 die Stadt mit Wasser versorgten. Später übernahm die Aufgabe der Canal de Isabel II. Die Steine dienten als Brunnendeckel und waren mit einem Loch versehen, um die Belüftung des Wassers zu garantieren.

Die ersten Wasserwege wurden 1614 unter der Herrschaft von Felipe III. errichtet und starteten ihre Reise im Madrider Norden. Ihr Weg verlief über die Plaza de Oriente und endete in den öffentlichen Brunnen der Stadt, wo die Bevölkerung ihre Wasservorräte in Krügen und Behältern abholte. Bürger mit entsprechendem Geldbeutel hatten ihre eigenen Wasserträger, die das wertvolle Nass gegen Bezahlung direkt nach Hause lieferten. Jedes Viertel verfügte über seine eigene Anzahl von Brunnen und eine bestimmte Wassermenge, die den einzelnen Nachbarschaften zustand.

Das System war sehr ausgeklügelt. Dennoch hakte es immer wieder an einer unzureichenden Wasserversorgung, die zu unschönen Nebeneffekten führte. So ließen die ersten »Wasserdiebe« nicht lange auf sich warten. An leicht zugänglichen Stellen des Wasserwegs öffneten die Langfinger unterirdische Minen, um Wasser für ihren Privatvertrieb abzuzweigen. Ein lukratives Geschäft. Und nicht nur das bereitete der Wasserbehörde Kopfschmerzen. Die hygienischen Zustände einiger Brunnen ähnelten eher einer Kloake und waren weit entfernt von dem, was man heute als Trinkwasser bezeichnet. Wenn man bedenkt, dass auch die Tiere, die teilweise für den Wassertransport eingesetzt wurden, aus den Brunnen tranken, kann man sich leicht ausmalen, dass verunreinigtes Wasser in Windeseile für die Verbreitung von Krankheiten und Seuchen gesorgt hatte.

Adresse Parque Dehesa de la Villa, Calle Francos Rodríguez 79, Ciudad Universitaria |
ÖPNV Metro 7, Haltestelle Francos Rodríguez und Valdezarza | Tipp Der Park ist so
dicht bewachsen, dass er die Nachbarn und Besucher an einen Wald inmitten der Stadt erinnert. Ornithologen haben ihre helle Freude an den über 70 Vogelarten, die in Dehesa de
la Villa leben.

38__Das Haus der Eidechsen
Tierische Bewohner an der Hauswand

Eindeutig erkennbar hat das Haus der Eidechsen seinen Namen von den Bewohnern, die sich am Dachsims festklammern. Eidechsen oder Geckos, die man eigentlich eher im Süden des Landes vermutet, die aber hin und wieder auch in Madrid gesichtet werden. In diesem Fall sind sie besonders groß und stammen aus der Feder des Architekten Benito González del Valle, der 1911 ein ganz besonderes Mietshaus entworfen hat. Die Fassade ist nämlich elfmal länger als die Tiefe des Hauses. Dort, wo das Gebäude an die Straßen San Mateo und Fernando VI grenzt, hat es gerade einmal eine Tiefe von knapp fünf Metern.

Der Madrider Stadtverwaltung war das Projekt damals ein Dorn im Auge und stand kurz vor dem Aus, denn man legte Wert auf die typischen Innenhöfe, die in fast allen Häusern der Stadt zu finden sind. Sie können mehr oder weniger schön ausfallen und sorgen dafür, dass die unteren Stockwerke kaum Licht haben. González löste das Problem galant, indem er das Treppenhaus in die Mitte des Gebäudes verlegte und dadurch zwei Wohnungen pro Etage schuf. Eine kleine Sensation in Madrid, denn beide Wohnungen waren zur Straße ausgerichtet und verfügten sogar über eigene Bäder. Eine spezielle Metallstruktur sorgt zudem für zusätzliche Öffnungen, die natürliches Licht spenden.

Das Haus ist im Wiener rationalistischen Stil gehalten, eine damalige Rarität in Madrid. Diese avantgardistische architektonische Linie wurde seit Ende des 19. Jahrhunderts vor allem durch den Wiener Architekten Otto Wagner geprägt und zeugt von einer besonders simplen geometrischen Form und Symmetrie der dekorativen Elemente. Die riesigen Eidechsen an der Fassade machen das besondere i-Tüpfelchen aus. Das einzigartige Gebäude wurde zuletzt Anfang 2012 restauriert. Damit die neu gewonnene Pracht länger hält, wurde das Haus in Zartgelb gestrichen, um vor der Luftverschmutzung besser geschützt zu sein.

Adresse Calle Mejía Lequerica 1, Chueca | ÖPNV Metro 4, 5, 10, Haltestelle Alonso Martínez | Tipp Machen Sie einen Bummel über die Calle Pelayo, die am oberen Ende mit Galerien, Bioläden, Boutiquen und entzückenden Geschenkläden aufwartet. In Richtung Gran Vía wird es dann ganz Chueca-like mit vielen Szenekneipen, Bars und Restaurants.

39 Das »Haus der Todsünden«

Die letzte Zuflucht

Felipe V. unterstützte 1733 die Gründung einer ganz besonderen Laienbruderschaft, die sich unweit der Gran Vía befand. Die Mission der »Santa y Real Hermandad de María Santísima de la Esperanza y Santo Celo de la Salvación de las Almas« bestand darin, junge Prostituierte von der Straße zu holen, um sie vor den Todsünden zu schützen und auf einen besseren Weg zu bringen. Gleichzeitig diente sie als Klinik für junge Frauen, die ungewollt schwanger geworden waren und sich in einer ausweglosen Lage befanden. Hier durften sie bis zur Geburt fernab der Öffentlichkeit bleiben und konnten »Buße« tun.

Schnell bürgerte sich für die Stätte der Name »Haus der Todsünden« ein. Und da Madrid nun mal schon damals eine Großstadt verkörperte, die gegen das Laster nicht gefeit war, stieg die Anzahl der Bewohnerinnen in Rekordzeit. Man führte deshalb die sogenannte »Runde der Todsünden« ein. Im Umkreis der Laienbruderschaft sammelten die Nonnen Spenden, die sie mit bimmelnden Glöckchen ankündigten. Damit stießen sie allerdings nicht selten auf genervte Bürger, die schnell das Weite suchten.

Der Platz im Frauenhaus wurde bald knapp, sodass man 1744 in das Kloster Santa María Magdalena auf der Calle Hortaleza umzog. Hier gab es genug Platz für die armen Seelen, und das Projekt konnte lange Zeit entspannt fortgesetzt werden. Erst die Republikaner machten dem Kloster 1936 den Garaus und zündeten es kurzerhand an. Das Haus der Todsünden war verloren.

Nach dem Spanischen Bürgerkrieg sollte das Grundstück erneut bebaut werden, und man errichtete ein neues Kloster an der gleichen Stelle gegenüber der Kirche San Anton. Mittlerweile findet man hier jedoch weder aufgegriffene Prostituierte noch schwangere Minderjährige oder gar Nonnen, sondern eine Zweigstelle der spanischen Gewerkschaft UGT, die sich um die Belange der spanischen Arbeiter kümmert.

Adresse Calle Hortaleza 88, Chueca | ÖPNV Metro 5, Haltestelle Chueca; Metro 1, 10, Haltestelle Tribunal | Tipp Gegenüber vom Sitz der UGT befindet sich die städtische Schule der Architekten COAM. Die angeschlossene Stiftung veranstaltet regelmäßig Ausstellungen, und es gibt sogar einen klimatisierten Pool.

40_Das Haus mit den sieben Schornsteinen

Spaziergänge übers Dach

Sieben Schornsteine an einem Stück zählt das Gebäude an der Plaza del Rey, das als eines der wenigen Beispiele für die Architektur des 16. Jahrhunderts der Stadt geblieben ist. Man erzählt, dass dort eine uneheliche Tochter von Felipe II. gelebt hat, die mit einem Hauptmann verheiratet war. Doch das junge Liebesglück währte nicht lange, denn der Ehemann musste nach Flandern reisen, wo er in der Schlacht von Saint-Quentin ums Leben kam. Die untröstliche Witwe wurde nur wenige Wochen später tot aufgefunden, wobei die Umstände ihres Todes im Dunkeln blieben. Vielleicht starb sie aus Liebeskummer, vielleicht wurde sie auch auf Geheiß von Felipe II. ermordet. Angeblich soll sie nie beerdigt, sondern in einem der Zimmer des Anwesens eingemauert worden sein. Die neuen Bewohner berichteten, jede Nacht von geheimnisvollen Tapsern geweckt zu werden, die aus dem Zimmer der Hauptmannsgattin drangen. Es dauerte nicht lange, bis auch die Nachbarn Zeugen nächtlicher Aktivitäten wurden. An einigen Abenden zeigte sich auf dem Dach des Hauses eine Frau im weißen Gewand, die mit flatternden Haaren und einer Laterne über die Dachziegel spazierte. Die nächtlichen Spaziergänge auf dem Hausdach hörten zwar irgendwann auf, aber Ende des 19. Jahrhunderts wurde die Geschichte wieder topaktuell. Bei Renovierungsarbeiten fand man hinter einer Wand das Skelett einer jungen Frau und einige Münzen aus der Zeit von Felipe II.

Das Gebäude mit den sieben Schornsteinen ist im Laufe der Jahrhunderte mehrfach ausgebaut worden. Viele Adelige und Staatsmänner lebten hier, darunter die Botschafter von Italien, Frankreich und Österreich. Heute ist das Haus Sitz des Erziehungs- und Kultusministeriums. Aber weder die Umbauten noch die neuen Bewohner konnten die Legende der Frau, die nachts entlang der sieben Schornsteine spaziert, jemals in Vergessenheit geraten lassen.

Adresse Plaza del Rey 1, Chueca | **ÖPNV** Metro 2, Haltestelle Banco de España | **Tipp** Zwei Straßen weiter gibt es im »Bocaito« in der Calle Libertad 6 die berühmtesten andalusischen Tapas der Stadt. Am besten bleibt man an einer der beiden Bartheken im Eingangsbereich, hier ist das Ambiente am besten.

41 Das Haus von García Lorca

Stiller Zeuge einer heimlichen Flucht

Es gibt Gebäude in Madrid, denen ein scheinbar magischer Hauch von Nostalgie anhaftet. So verhält es sich auch mit dem Haus in der Calle de Alcalá 96, in dem Federico García Lorca lebte, bevor er am 14. Juli 1936 aus Madrid abreiste. Niemand hatte etwas bemerkt. Noch nicht einmal seine engsten Freunde waren eingeweiht. Nur der Hauseingang des heute grasgrün gestrichenen Gebäudes wurde stiller Zeuge, als García Lorca zum letzten Mal durch das Treppenhaus lief und mit einem leisen Klicken das Tor hinter sich schloss.

Damals überschlugen sich die Ereignisse in der Hauptstadt, und die Zweite Republik stand kurz vor dem Zusammenbruch. Spätestens der Mord am Politiker José Calvo Soto am 13. Juli ließ nichts Gutes ahnen. Jemand musste García Lorca zur Flucht geraten haben, sodass er knapp 24 Stunden nach der Tat das Weite suchte. Er hatte keine bessere Idee, als klammheimlich in seine Heimat Granada zu reisen. Dass dies ein verhängnisvoller Fehler war, wusste man erst später.

Dabei war es gar nicht so lange her, dass er seine Wohnung im Salamanca-Viertel bezogen hatte. Hier schrieb er einige seiner berühmtesten Gedichte und feierte erste Erfolge in den Theatern von Madrid. Er lebte im siebten Stock, wo die Morgensonne freundlich auf die Balkone scheint.

Wenn man heute vor dem Portal steht, scheint alles unverändert, wie an jenem 14. Juli 1936. Als wäre García Lorca erst gestern durch den Hauseingang hinausgetreten.

Der Dichter hatte kurz zuvor seinen 38. Geburtstag gefeiert. 37 Tage später wurde er in der Nacht vom 18. August in Granada ermordet.

Eine Gedenktafel an der Fassade des Gebäudes erinnert an den Dichter.

FEDERICO GARCIA LORCA

VIVIO AQUI
(1933–1936)

EL TEATRO ESPAÑOL
DEL
AYUNTAMIENTO DE MADRID
29 DICIEMBRE DE 1984

"EL TEATRO ES UNA ESCUELA DE LLANTO Y
DE RISA, Y UNA TRIBUNA LIBRE DONDE LOS HOMBRES
PUEDEN PONER EN EVIDENCIA MORALES VIEJAS
O EQUIVOCAS Y EXPLICAR CON EJEMPLOS
VIVOS NORMAS ETERNAS DEL CORAZON
Y EL SENTIMIENTO DEL HOMBRE".
(DISCURSO A LOS ACTORES MADRILEÑOS",
1935).

Adresse Calle de Alcalá 96, Goya (Salamanca) | ÖPNV Metro 2, 4, Haltestelle Goya |
Tipp García Lorca feierte seine ersten Erfolge in Madrid unter anderem im Teatro Clásico
an der Plaza Santa Ana im Schriftstellerviertel Huertas. Hier werden bis heute klassische
Werke berühmter spanischer Poeten aufgeführt.

42 — Die Juanse-Apotheke

Ein Mittelchen für alle Fälle

Auch 120 Jahre nach ihrer Eröffnung ziehen sich die bunten Kacheln mit alten Werbemotiven aus dem 19. Jahrhundert quer über die Fassade der Juanse-Apotheke. Sie gehört ebenso zum Bild des Malasaña-Viertels wie die unzähligen Kneipen und Vintage-Läden in den benachbarten Straßen.

Die gekachelten Werbeplakate preisen hausgemixte Mittel der Marke Juanse gegen jedes Wehwehchen an. So wirbt »Odontalgico Juanseca« mit dem Bild einer leidgeplagten Dame auf ihrer Chaiselongue für Linderung bei Zahnschmerzen. Schon damals sollten »Fumables Juanse« in Form von unschädlichen Zigaretten dabei helfen, mit dem Rauchen aufzuhören. Und bei einer Magen- und Darm-Erkrankung hilft das Wundermittel »Diarretil Juanse« gegen Durchfall. Für nur 40 Cent …

Dem aufmerksamen Beobachter entgeht nicht, dass alle Produkte einiges über die Gesellschaft des 19. und 20. Jahrhunderts verraten. Wer was kaufte, hing immerhin auch vom sozialen Status und dem entsprechenden Geldbeutel ab. So sprach beispielsweise das Durchfallmedikament eher die Schicht mit einem geringen Einkommen an, die durch schlechte Ernährung häufiger mit Darmproblemen zu tun hatte, während Aspirin vor allem von Leuten gekauft wurde, die Feste und Partys besuchten und schnell ihren Kater bekämpfen wollten. Wie man sieht, wurde schon in der damaligen Zeit Werbung gemacht, um mit auffallenden Bildern und Slogans den Blick des potenziellen Käufers in Sekundenschnelle auf das Produkt zu ziehen, das er benötigt. Balsamischer Sirup gegen Asthma und Grippe, Perborat für die perfekte Mundhygiene, aromatischer Tee gegen Verstopfung oder Pflaster der Marke »El Elefante«.

Übrigens kann man noch heute die Spuren aus der Zeit sehen, als die Kacheln in den Nachkriegsjahren abgedeckt wurden. Damals wollte man die zusätzliche Steuer umgehen, die in jener Zeit für Werbeanzeigen erhoben wurde.

Adresse Calle de San Vicente Ferrer 28, Malasaña | ÖPNV Metro 1, 10, Haltestelle Tribunal | Öffnungszeiten Mo–Fr 9.30–13.30 und 17–20 Uhr, Sa 10–13.30 Uhr | Tipp Malasaña ist die Brutstätte der »movida madrileña«, die kulturelle Revolution der 1980er Jahre, aus der viele legendäre Bands, Fotografen, Künstler und Kultregisseur Pedro Almodóvar hervorgingen.

43 Die Kathedrale von Don Justo

Recycling im Dienste des Herrn

Am Sterbebett seiner Mutter hatte ihr Don Justo versprochen, eine Kathedrale auf der familieneigenen Finca zu errichten. Eine definitiv verrückte Idee, denn er verfügte weder über ein Architekturstudium noch über bauhandwerkliche Geschicke. Aber Don Justo war sozusagen im Auftrag des Herrn unterwegs. Bereits mit 25 Jahren hatte er sich für ein Leben als Mönch entschieden, das ihm nach einer heftigen Tuberkuloseerkrankung nicht vergönnt war, weil er des Klosters verwiesen wurde. Allerdings hatte er das Familiengrundstück in Mejorada del Campo, wo er anfing, Bücher über Kirchen und Kathedralen zu lesen. Warum also nicht ein eigenes Gotteshaus bauen? 1961 war der erste Stein gesetzt und die Grundlage zu einem Projekt gelegt, das von seinem Umfeld zunächst belächelt wurde. Kaum einer hat mit dem Durchhaltevermögen von Don Justo gerechnet. Zudem war er durch seine Krankheit sehr geschwächt.

Aber Tag für Tag wuchs er über sich hinaus, eignete sich architektonische Kenntnisse an und ließ aus eigener Kraft ein Bauwerk ohne jegliche öffentliche Hilfe oder gar die Unterstützung der Kirche entstehen. Die Grundrisse für das spektakuläre Vorhaben existierten allein in seinem Kopf. Die Finanzierung des eigenwilligen Projekts erfolgte zunächst über den Verkauf von Familiengrundstücken. Erst viele Jahre später erhielt er die ersten Spenden.

Die Kathedrale lässt jeden Umweltschützer in die Luft springen, denn sie setzt sich in erster Linie aus Recyclingmaterial zusammen. Von Fahrradreifen bis hin zu Lkw-Rädern hat er alles eingesetzt, was er für den Bau finden konnte. Der mittlerweile 85-Jährige wird sein Lebenswerk wahrscheinlich nie vollendet sehen, aber hat es immerhin bislang geschafft, eine 40 Meter hohe Kuppel und ein Kirchenschiff aus eigener Kraft zu errichten. Schon jetzt warten hier unzählige zusammengetragene Stühle auf die erste Messe.

Adresse Calle de Miguel Hernández N 2, Mejorada del Campo | ÖPNV Bus 341 ab Conde de Casal, Haltestelle Miguel Hernández – Antonio Gaudí | Tipp Machen Sie einen Abstecher in die 15 Kilometer entfernte Universitätsstadt Alcalá de Henares, die von der UNESCO zum Weltkulturerbe erklärt wurde.

44__Die kleine Maus Pérez

10 Cent für einen Milchzahn

Die spanischen Kinder bekommen nachts Besuch von einem winzigen Nagetier. »Ratoncito Pérez« ist eine kleine Maus, die es sich zur Aufgabe gemacht hat, die ausgefallenen Milchzähne der Kleinen einzusammeln, die sie abends unter ihrem Kopfkissen verstecken. Zur Belohnung lässt die Maus Pérez ein Geschenk da, meist in Form von ein paar Cents. Die Tradition wird bis heute praktiziert, und ihr liegt eine Geschichte zugrunde, die ihren Anfang im Königspalast nahm. Aus der Fabel wurde eine Legende, die in der Calle Arenal 8 noch quicklebendig ist.

Bevor Alfonso XIII. 1906 den spanischen Thron bestieg, war er ein schüchterner kleiner Junge, der bei der geringsten Kleinigkeit Angst bekam. So versetzte ihn auch sein erster ausgefallener Milchzahn in größte Aufregung. Seine Mutter bat daraufhin den Jesuitenpater Luis Coloma, für den kleinen Prinzen ein Märchen zu schreiben. Es entstand die Geschichte von König Buby, der seinen ersten verlorenen Milchzahn unter dem Kopfkissen versteckte, wo er von der Maus Pérez gefunden wurde. Seitdem machten sich König Buby und die Maus gemeinsam auf, um alle ausgefallenen Milchzähne in der Nachbarschaft einzusammeln. Am Ende der Nacht brachten sie ihre gesammelten Schätze in das Versteck der Maus Pérez, das sich im Hinterzimmer des Süßwarengeschäfts Carlos Prast in der Calle Arenal 8 befand. König Buby lernte dort die komplette Familie seines neuen Freundes kennen, der in einer Keksdose der Marke Huntley – die Lieblingskekse des kleinen Prinzen – lebte.

Das Süßwarengeschäft hat längst das Zeitliche gesegnet, aber im ersten Stock befindet sich ein kleines Museum zu Ehren der Maus. Hier finden die Kinder auch einen Briefkasten, in den sie ihre Briefe und Milchzähne einwerfen können. Eine Plakette an der Hausfassade erinnert an das Nagetier: »Hier lebte in einer Keksdose die Maus Pérez aus dem Märchen von Pater Coloma für den kleinen Prinzen Alfonso XIII.«

Adresse Calle Arenal 8, Sol | ÖPNV Metro 1, 2, 3, Haltestelle Sol | Öffnungszeiten 11–15.15 und 15.45–20 Uhr. Das Museum öffnet nur an bestimmten Tagen und verkauft pro Tag 600 Eintrittskarten, die sehr schnell vergriffen sind. Alle wichtigen Infos hierzu gibt es auf der Website http://casamuseoratonperez.wordpress.com/ | Tipp Bummeln Sie über den Weihnachtsmarkt auf der Plaza Mayor, der bereits Ende November öffnet. In spanischen Wohnzimmern sind selbst gebastelte Krippen das Nonplusultra. Hier gibt es von frischem Moos bis hin zu Krippenfiguren alles, was man für den Bau einer Krippe braucht.

45 Der Knochenturm an der Plaza de Oriente

Parkhaus mit Geschichte

Die Bauarbeiter staunten nicht schlecht, als sie 1996 während der Ausgrabungsarbeiten für das geplante Parkhaus an der Plaza de Oriente auf eine archäologische Ruine stießen. Sie hatten soeben die Reste eines maurischen Turms aus dem 11. Jahrhundert entdeckt, der über viele Jahrhunderte ein stilles Dasein unter der Erde gefristet hatte. Da man die Pläne für das Parkhaus nicht über den Haufen werfen wollte, errichtete man kurzerhand eine Vitrine, um die Ruine vor dem Verfall zu schützen.

Der sogenannte »Knochenturm« erhielt seinen Namen aufgrund der Nähe zum islamischen Friedhof Huesa de Raf. Dabei handelt es sich um einen Wehrturm muselmanischen Ursprungs, der sich zu jener Zeit außerhalb der Stadt befand und zu Verteidigungszwecken errichtet worden war. Im Jahr 1083, als König Alfons VI. von Kastilien Madrid eroberte, wurde der Wehrturm der neuen christlichen Mauer angeschlossen, die als Erweiterung der maurischen Mauer errichtet worden war. Fortan diente er zum Schutz der Puerta de Valnadú, eines der vier Stadttore, die damals existierten.

Die maurische Mauer umfasste ursprünglich vier Hektar und war gegen Ende des 9. Jahrhunderts erbaut worden. Sie schützte Mayrit, die muselmanische Zitadelle, die Madrid ihren Namen gab, und die Burg an der Stelle, wo sich heute der Königspalast erhebt. Einen Teil der Mauer kann man übrigens in unmittelbarer Nähe der Almudena-Kathedrale an der Cuesta de la Vega sehen.

Seit Ende der 1990er Jahre teilt sich der Knochenturm seinen Standort mit den Fahrzeugen und Parkhausnutzern, die nicht selten überrascht sind, wenn sie inmitten eines öffentlichen Parkhauses auf Historie stoßen. Denn nur die wenigsten wissen von der Existenz des islamischen Wehrturms, der auch in den unzähligen Touristenführungen gar nicht erst erwähnt wird.

Atalaya islámica *Siglo XI*

Adresse Plaza de Oriente, Ópera | **ÖPNV** Metro 2, 5, Haltestelle Ópera | **Tipp** Direkt
hinter dem Ausgang vom Parkhaus befindet sich die Madrider Oper aus dem Jahr 1850,
die 1997 neu eröffnet wurde. Kurz vor der Eröffnung stürzte der tonnenschwere Kronleuchter in den Saal, der damals zum Glück leer war.

46 Die königliche Porzellanfabrik

»Grünes Watteau« auf Spanisch

Ein Frühstücksgeschirr und die brennende Leidenschaft für Porzellan inspirierten Carlos III. zum Bau seiner eigenen Porzellanfabrik. Während in Deutschland das Meißner Porzellan zu Weltruhm gelangte, in Frankreich die Sèvres-Manufaktur triumphierte und in England Wedgwood-Geschirr zum Topseller wurde, war Spanien Anfang des 18. Jahrhundert porzellantechnisch gesehen ein Niemandsland. Aber wozu hatte Carlos III. einen berühmten Schwiegervater in spe in Form von König Friedrich August III., der ihm das berühmte Frühstücksgeschirr »Grünes Watteau« schenkte und damit die Idee ins Rollen brachte: 1743 eröffnete der spanische König seine erste eigene Manufaktur in Capodimonte. 1760 folgte die königliche Porzellanfabrik in Madrid, nicht unweit vom »Gefallenen Engel« im Retiro-Park gelegen (siehe Seite 76).

Carlos III. hatte während seiner Herrschaft in Neapel und auf Sizilien seine Liebe zum Porzellan entdeckt und eigens für seine Manufaktur in Madrid verschiedene Formeln aus Italien mitgebracht, die er für seine eigene Herstellung etwas veränderte. Ursprünglich hatte Spanien sein Porzellan aus China importiert, wo das Geheimnis der Herstellungsprozedur streng bewahrt wurde. Und so lief auch die Produktion in Madrid geheim, niemand durfte die Formel für die Kunstwerke aus Porzellan erfahren. Dabei entpuppte sich das spanische Geschirr als absoluter Kassenknüller. Viele Objekte fanden ihren Platz im Königspalast, im Prinzenhaus oder im Monasterium von El Escorial und gelten ausnahmslos als wahre Schmuckstücke.

Von der einst boomenden Porzellanmanufaktur ist heute nur noch das hölzerne Wasserrad zu sehen, das mit Hilfe von Pferden oder Kühen angetrieben wurde. Den letzten Zeugen entdeckte man zufällig bei Grabungen, fast 200 Jahre nachdem die Manufaktur während des Unabhängigkeitskrieges zerstört worden war.

Adresse Jardínes del Buen Retiro, Paseo Fernán Núñez, Jerónimos | ÖPNV Metro 2, Halte-stelle Retiro; Metro 9, Haltestelle Ibiza, je nach Eingang | Öffnungszeiten Sommer 6–24 Uhr; Winter 6–22 Uhr | **Tipp** Die Eichhörnchen haben einen ganz besonderen Stellenwert im Retiro-Park und nähern sich auch furchtlos den Besuchern. Von den 145 Tieren, die hier noch bis Ende der 1990er Jahre lebten, sind jedoch nicht mehr viele übrig geblieben, weil sie an falschem Essen der Besucher gestorben sind. Daher ist das unkontrollierte Füttern der Tiere mittlerweile verboten.

47__Das königliche Taufbecken

Heilige Reliquie für erlauchte Häupter

Ein nüchternes Gebäude mit roten Backsteinen beherbergt das königliche Taufbecken mitten im Salamanca-Viertel. Die Nonnen des Dominikanerordens haben die ehrenwerte Aufgabe, das romanische Becken in ihren heiligen Hallen aufzubewahren. Hier bleibt das Becken immer so lange, bis eine neue königliche Taufe ansteht, zuletzt die der Infantinnen Leonor und Sofía, den Töchtern von Prinz Felipe und Doña Letizia. Dabei ist es gar nicht so einfach, das schwere Taufbecken von A nach B zu bewegen. Immerhin sind mindestens vier starke Männer nötig, um es in seinen Spezialbehälter zu verpacken und zu transportieren.

Die heilige Reliquie ist bereits seit Jahrhunderten eng mit der Geschichte der spanischen Monarchie verbunden und geht auf das Jahr 1170 zurück, als der heilige Domingo de Guzmán in dem Becken seine Kindertaufe erhalten hatte. Auch die drei Kinder von König Juan Carlos und fast alle spanischen Könige wurden in dem Becken getauft. Aber es gab auch Ausnahmen. Don Juan Carlos I. erhielt seine Taufe beispielsweise in Italien, weil seine Eltern im Exil in Rom lebten.

Das königliche Taufbecken befand sich bis zur Taufe der Infantin Elena fast sieben Jahrzehnte lang im Ruhestand, da in dieser Zeit keine Taufen anstanden. Damals machte sich König Juan Carlos persönlich auf den Weg ins Kloster, um die Nonnen für die Taufe seines ersten Kindes um das Taufbecken zu bitten. Die damalige Novizin Schwester María erinnert sich, dass es geschneit hatte und bitterkalt war, als plötzlich der König vor der Tür stand. Als die Taufen von Cristina und Felipe anstanden, kam der König zwar nicht mehr persönlich, aber schickte handgeschriebene Dankesbriefe.

Kurioserweise wurden die anderen sechs Enkelkinder des Königs nicht in diesem Becken, sondern im Taufbecken des Königspalasts getauft, das normalerweise entfernteren Verwandten der spanischen Königsfamilie zur Verfügung gestellt wird.

Adresse Monasterio Santo Domingo el Real, Calle de Claudio Coello 112, Castellana (Salamanca) | ÖPNV Metro 5, 9, Haltestelle Núñez de Balboa | Öffnungszeiten 10–12 und 18–19 Uhr | Tipp Es gibt ein Museum im Königspalast an der Plaza de Oriente, in dem zahlreiche Räumlichkeiten des Schlosses und auch das »andere« Taufbecken der Öffentlichkeit präsentiert werden.

48 Der königliche Weideweg
Invasion der Schafe

Ein unscheinbarer grauer Stein mit der kuriosen Inschrift »Cañada 75.23 M« steht mitten auf der Calle Alcalá an der Plaza de la Independencia nur wenige Meter vom Eingang zum Retiro-Park entfernt. Den meisten Menschen ist er wahrscheinlich noch nie aufgefallen, dabei markiert er ein wichtiges Stück Stadtgeschichte.

Während die Calle Alcalá heutzutage Geschäfte, Bars, Restaurants und Hotels wie Perlen auf einer Kette aneinanderreiht, ist sie eigentlich ein 800 Jahre alter königlicher Weideweg. Die sogenannten »Cañadas Reales« sind ein Netz tausendjähriger Weidewege, auf dem das Vieh auf der Suche nach Nahrung über die Wiesen getrieben wurde. Im 13. Jahrhundert wurde eigens eine Organisation gebildet, die dafür zu sorgen hatte, die Wege frei zu halten. Allein in der Region Madrid gibt es 4.200 von insgesamt 100.000 Viehwegen in ganz Spanien.

Einer der wichtigsten verlief durch die Puerta de Alcalá, genau an der Stelle, wo der Stein zu sehen ist. Die Inschrift bezieht sich übrigens auf die Breite des Weidewegs.

1836 schaffte man die Organisation wieder ab, woraufhin viele Wege von der Bildfläche verschwanden. In den 1990er Jahren besann man sich auf die Bedeutung der königlichen Viehpfade und erließ ein Gesetz, das sie erneut zu einem wichtigen Bestandteil der Viehwirtschaft machte. Viele der alten Wege werden seitdem wieder rege von den Schäfern genutzt, andere sind zu Touristenpfaden umfunktioniert worden. Die Cañadas Reales dürfen weder bebaut noch verändert oder gar gesperrt werden. Im Falle der Calle Alcalá ist das natürlich nicht mehr möglich, es sei denn, man würde die halbe Stadt abreißen. Sie ist immerhin mit einer Länge von 10,5 Kilometern und 544 Hausportalen die längste Straße Madrids.

Seit 1994 laufen deshalb am letzten Sonntag im Monat Oktober Hunderte Schafe symbolisch durch die Stadt und sorgen für ein, im wahrsten Sinne des Wortes, tierisches Spektakel.

Adresse Plaza de la Independencia, Retiro (Salamanca) | ÖPNV Metro 2, Haltestelle Retiro | Tipp Machen Sie einen Shopping-Ausflug über die Luxusmeile Calle Serrano. Alternativ lockt der Retiro-Park mit einem Spaziergang durch die grüne Lunge der Stadt.

49 Der Kristallpalast

Kathedrale aus Glas

Er erinnert ein wenig an eine gotische Kirche und ist mit Abstand das schönste Werk im ganzen Retiro-Park. Der Kristallpalast hat eine Metallstruktur, die komplett mit Glasscheiben bedeckt wurde. 1887 hatte man ihn anlässlich einer Ausstellung über die Philippinen errichtet, die damals noch zu den spanischen Kolonien gehörten. Neben einem typisch philippinischen Ureinwohnerdorf entstand damals auch der künstlich angelegte Teich, in dem mehrere Kaimane und eine Riesenboa ausgesetzt wurden. Heute schwimmen ganz unspektakuläre Enten im Wasser.

Für die tropische Pflanzenwelt der Philippinen sollte ein riesiges Treibhaus gebaut werden. Die Ausschreibung gewann Ricardo Velázquez Bosco, der bereits als Restaurator der Kathedralen von León und Burgos, der Mezquita in Córdoba und der Alhambra in Granada geglänzt hatte.

Als Vorlage für den Kristallpalast diente der Crystal Palace von Joseph Paxton im Londoner Hyde Park. Eigentlich wurde das imposante Werk nur provisorisch in den Retiro-Park gestellt. Nach der Ausstellung sollte es abgebaut und weiter nach Manila geschafft werden, wo eine andere Expo geplant war. Aber so weit kam es dann doch nicht, und der Kristallpalast blieb der Stadt erfreulicherweise erhalten.

Sein Grundriss basiert auf einem griechischen Kreuz, dem man einen Arm abgenommen hat, damit der ionische Säulengang im Eingangsbereich errichtet werden konnte. Das ist der einzige Teil des Palastes, der nicht aus Metall und Glas gebaut ist. Für das Tonnengewölbe und die 22 Meter hohe Glaskuppel setzte Bosco auf die Hilfe des erfahrenen Architekten Alberto del Palacio. Daniel Zuloaga entwarf die feine Zierleiste aus bunten Fliesen, die sich einmal rund um das Bauwerk zieht.

Heute beherbergt der Kristallpalast Ausstellungen zeitgenössischer Kunst, die vom Reina-Sofía-Museum organisiert werden.

Adresse Jardínes del Buen Retiro, Jerónimos | ÖPNV Metro 2, Haltestelle Retiro; Metro 9, Haltestelle Ibiza, je nach Eingang | Öffnungszeiten Sommer 6–24 Uhr; Winter 6–22 Uhr | Tipp Die Umgebung rund um den Kristallpalast mit dem davor gelagerten Teich ist ganz besonders ruhig und romantisch und lässt die Besucher komplett vergessen, inmitten einer Millionenmetropole zu stehen.

50 Das Kulturzentrum der spanischen Armee

Wo sich die Offiziere treffen

Auf den ersten Metern der Gran Vía, in der Hausnummer 13, befindet sich ein majestätisch anmutendes Gebäude im Jugendstil, das den Sitz des Kulturzentrums der spanischen Armee beherbergt. 1916 wurde es eröffnet und diente fortan als Treffpunkt für Offiziere und Soldaten. Früher war der Zutritt ausschließlich den Angehörigen der Armee und ihren Familien vorbehalten, aber vor einigen Jahren wurde es auch dem allgemeinen Publikum geöffnet, das nun zumindest einen Teil der Angebote nutzen kann. Einmal im Gebäude, taucht man ein in eine Welt für sich. Die meisten Besucher, denen man begegnet, sind Berufssoldaten im Ruhestand, die in Begleitung von alten Kameraden oder ihren Gattinnen das Freizeitangebot nutzen oder bei einer Tasse Kaffee in alten Erinnerungen schwelgen.

Im Untergeschoss befindet sich ein Fitnesscenter, in dem die Zeit stehen geblieben zu sein scheint. Selbst ein Hometrainer aus den 1920er Jahren gehört noch zur Ausstattung und funktioniert top. Der 100 Quadratmeter große Fechtsaal ist der älteste seiner Art in ganz Europa und beeindruckt mit einer historischen Sammlung von Schwertern und Floretten. Hier können Mitglieder und normale Bürger Fechtunterricht zu ganz zivilen Preisen nehmen. Daneben werden auch Pilates, Malkurse, Bridgestunden, Informatik- und Sprachkurse angeboten.

Zwei Etagen werden als Hotel genutzt, das allerdings ausschließlich Offizieren und ihren Familien vorbehalten ist und mit preiswerten 50 Euro pro Nacht und Doppelzimmer jedes andere Hotel auf der Gran Vía unterbietet. Ein besonderes Highlight ist das Restaurant im zweiten Stock. Mitglieder zahlen einen super Schnäppchenpreis, der das Kochen zu Hause praktisch überflüssig macht, aber auch Besucher von der Straße essen hier unverschämt günstig.

Adresse Cuartel General de los Ejércitos, Gran Vía 13, Justicia | **ÖPNV** Metro 1, 5, Haltestelle Gran Vía | **Öffnungszeiten** Restaurant: Mo – So 13 – 16.30 Uhr; Infos zu den Uhrzeiten der einzelnen Kurse unter www.cculturalejercitos.com | **Tipp** Wer sich lieber im Schauspielambiente tummeln möchte, geht ins Bardemcilla in der Calle Augusto Figueroa 47, das Restaurant-Café der berühmten Schauspielerfamilie Bardem. Einige Gerichte werden sogar nach den Filmen des berühmtesten Familienmitglieds, Javier Bardem, benannt, zum Beispiel »Jamón Jamón« (1992), Javiers Debüt mit seiner heutigen Ehefrau Penélope Cruz.

51 Der Kybele-Brunnen

Verdammt bis in die Ewigkeit

Seit 1782 sitzt Kybele auf ihrem Karren an dem nach ihr benannten Platz und beobachtet mit stoischem Blick den geschichtlichen Verlauf der Stadt. Sie wurde Zeugin von Kriegen und Demonstrationen, aber auch von einer gewonnenen Fußball-WM und unzähligen Siegerpartys der Fans von Real Madrid. Kybeles Karren wird von zwei Löwen gezogen, zwei vermeintlich anonyme Wesen, die aber in Wirklichkeit Hippomenes und Atalanta heißen und ein Liebespaar sind.

Die Legende berichtet von der jungen Atalanta, die von einer Bärin großgezogen worden ist. Als Teenager wurde sie von Jägern gefunden, die sie mitnahmen und zu einer ausgezeichneten Jägerin ausbildeten. Atalanta wollte nie heiraten, sondern ihr Leben Artemis widmen, der Göttin der Jagd. Aber in Anbetracht der vielen Jünglinge, die täglich vor ihrem Haus Schlange standen, schlug ihr Adoptivvater vor, sie solle mit den Anwärtern ein Wettrennen machen. Gewinnt sie, bleibt sie solo, verliert sie aber, dann heiratet sie. Hippomenes war einer ihrer glühendsten Verehrer und behalf sich eines Tricks, um das Rennen zu gewinnen. Er ließ auf der Strecke drei goldene Äpfel fallen, die Atalanta ablenken sollten. Der Plan ging auf, und Hippomenes konnte seine Traumfrau heiraten. Beide waren glücklich und so verliebt, dass sie ihre Leidenschaft kaum im Zaum halten konnten. Eines Tages liebten sie sich spontan in einem Tempel von Zeus, der sie beobachtete und das berühmt-berüchtigte Zeus'sche Temperament an den Tag legte. Stocksauer verwandelte er die beiden Liebenden in zwei Löwen, die den Rest ihres Lebens den Karren von Kybele ziehen müssen.

Sollte übrigens einmal die Goldkammer der gegenüberliegenden Bank von Spanien überfallen werden, würden dank des Kanalsystems zwischen dem Brunnen und der Bank alle Zimmer der Goldkammer mit dem Wasser aus dem Kybele-Brunnen überflutet werden.

Adresse Plaza de Cibeles, Jerónimos | **ÖPNV** Metro 2, Haltestelle Banco de España | **Tipp** Machen Sie einen Spaziergang von der Plaza de Cibeles über den Paseo de los Recoletos bis zum legendären Café Gijón in der Hausnummer 21, das nach dem Spanischen Bürgerkrieg zum beliebtesten Gesprächszirkel-Café der damaligen Künstlerszene aufstieg.

52 Libros Libres

Die Bücherei, wo man nichts bezahlt

Bis zur Decke reichen die selbst gezimmerten Regale aus Holzpaletten, in denen sich Hunderte von Büchern stapeln. Es duftet nach frischem Kaffee, und auf einem Tisch in der Ecke steht eine Platte mit selbst gebackenem Kuchen. Eine junge Frau fragt freundlich, ob die Bücherei und ihre Funktionsweise bekannt seien. Hier ist nämlich alles kostenlos. Kein Wunder, dass sich der winzige Laden nicht über Besuchermangel beklagen muss. Aber nicht alle kommen, um sich gratis mit neuem Lesestoff zu versorgen. Viele lassen einen großzügigen Geldschein im Spendentopf verschwinden, andere bringen selbst Bücher mit.

Das Konzept ist so einfach wie genial. Die Besucher können sich so viele Bücher mitnehmen, wie sie möchten, und müssen keinen Cent dafür bezahlen. Man kann aber auch eigene Bücher stiften oder eine Geldspende machen. Ebenso gern gesehen sind Kekse, Kuchen und Kaffee. Und selbst ein Großteil des Personals setzt sich aus freiwilligen Helfern zusammen, die von dem Projekt begeistert sind und hier eine Art unbezahltes Praktikum machen. Wer ein Mitglied der Libros-Libres-Gemeinschaft werden möchte, ist mit einem sporadischen Jahresbeitrag von zwölf Euro dabei. Wer sich den Beitrag nicht leisten kann, ist aber ebenso willkommen.

Krise hin oder her, das Produkt funktioniert in guten wie in schlechten Zeiten. Vorbild ist übrigens die Bücherei »The Book Thing« in Baltimore, eine der größten kostenlosen Buchhandlungen in den USA.

In Libros Libres gibt es für jede Lebenslage das passende Buch. Von Romanen bis hin zu Gedichtbänden, Lexika und Schulbüchern ist alles vorhanden. Man findet sogar zwei komplette Regale mit englischen, französischen, italienischen, deutschen und portugiesischen Ausgaben. Viele Bücher kommen auch von Stiftungen und Verlagen, die ihre Restbestände spenden und jede Menge interessanten Lesestoff versprechen.

Adresse Calle Covarrubias 7, Trafalgar (Chamberí) | ÖPNV Metro 1, 4, Haltestelle Bilbao; Metro 4, 5, 10, Haltestelle Alonso Martínez | Öffnungszeiten Mo–So 12–20 Uhr | Tipp Wer in der Gegend ist und Lust auf Thai-Essen oder einen Japaner hat, findet in der Calle de Murillo den besten Thai-Take-away der Stadt, Gingerboy, und gegenüber das Hanakura mit einer tollen Tages- und Menükarte.

53 Die Löwen vor dem Abgeordnetenhaus

Bombastische Hüter

Eine Mischung aus Geiz und Sparsamkeit war im Spiel, als es um die Auswahl der Skulpturen vor dem spanischen Abgeordnetenhaus ging. Aber was lange währt, wird endlich gut!

Als das Abgeordnetenhaus 1850 eingeweiht wurde, hatten die Parlamentarier erst einmal jede Menge zu meckern. Damals hatte man zwei große Laternen vor dem Gebäude platziert, die den Herrschaften viel zu langweilig waren. Also beauftragte man Ponciano Ponzano mit dem Entwurf zweier Skulpturen. Die Idee von zwei Löwen wurde begeistert aufgenommen, wenn da nicht die hohen Kosten gewesen wären. Sparfüchse hatten die glorreiche Idee, die Löwen aus Gips anfertigen zu lassen und ihnen anschließend einen goldfarbenen Anstrich zu verpassen. Das Bronzeimitat hielt jedoch nicht lange und war nach kurzer Zeit ein trauriger Anblick. Schon bald forderten die Politiker echte Bronzelöwen, wie es sich gehört! Ponzano witterte ein gutes Geschäft, machte einen völlig übertriebenen Kostenvoranschlag und wurde flugs abserviert. Die Abgeordneten überlegten sich eine weitere Stümperei in Form von aus Stein gehauenen Löwen aus der Hand von José Bellver. Die Sache ging nach hinten los, die Katzen waren hässlich und viel zu klein. Letztendlich wurden die Skulpturen verkauft, und das Problem begann von Neuem.

Trotz der damaligen Wirtschaftskrise hatten die Politiker nichts anderes im Kopf, als das »Löwenproblem« zu lösen. Schließlich beschloss Königin Isabel II. höchstpersönlich, dass sie keine Kosten und Mühen scheuen würde, um dem Abgeordnetenhaus ein gediegenes Antlitz zu verleihen. Die Löwen sollten in Sevilla gefertigt werden. Da die Kasse knapp war, schmolz man Kanonenkugeln aus dem Marokko-Krieg ein. Und niemand anders als Ponciano Ponzano war für die Gestaltung der Löwen verantwortlich … Seit 1872 bewachen die Raubkatzen nun das spanische Abgeordnetenhaus.

Adresse Carrera de San Jerónimo, Cortes | ÖPNV Metro 2, Haltestelle Banco de España und Sevilla | Tipp Jeweils um 12 und um 20 Uhr tanzen die fünf Figuren des Glockenspiels an der Fassade des gegenüberliegenden Groupama-Gebäudes. Das bisher einzige Glockenspiel Spaniens stammt aus niederländischer Fertigung und ist am besten vom Eingang des Hotels The Westin Palace aus zu beobachten.

54 Die Madrider Freiheitsstatuen

Nicht nur in New York gefragt

Sicher, die berühmte Freiheitsstatue steht in New York, und die New Yorker sind wahnsinnig stolz auf sie. Aber sie ist nicht die einzige Miss Liberty auf der Welt und schon gar nicht die älteste.

Die New Yorker Freiheitsstatue wurde 1886 eingeweiht, 16 Jahre nach dem ersten Entwurf des französischen Bildhauers Frédéric-Auguste Bartholdi. Aber schon 1848 zierte eine Göttin der Freiheit mit Diadem das Relief vom Madrider Abgeordnetenhaus. Sie stammt von Ponciano Ponzano. Dessen zweite Libertas mit Sterndiadem krönt seit 1857 das Pantheon der illustren Männer (siehe Seite 150). Hierbei handelt es sich übrigens um eine richtige Statue. Sie ist nicht so pompös und auch wesentlich kleiner als ihre Schwester in den USA. Aber sie ist eindeutig die ältere. Als Ponciano Ponzano seinen ersten Fries für das Abgeordnetenhaus gestaltete, war Bartholdi gerade einmal 14 Jahre alt. Als die Freiheitsstatue im Pantheon aufgestellt wurde, war er 23. Es blieben nicht die einzigen Libertas in Madrid. Der Fries an der Nationalbibliothek an der Plaza Colón zeigt »La Paz« mit ihrer sternförmigen Aureole, eine Arbeit des katalanischen Bildhauers Agustín Querol aus dem Jahr 1892. 1905 perfektionierte er sein Werk mit der Skulpturengruppe »La Gloria y los Pegasos« auf dem Dach des Landwirtschaftsministeriums.

Fairerweise muss gesagt werden, dass eines der symbolträchtigsten Monumente Madrids, der Kybele-Brunnen an der Plaza Cibeles, ebenfalls zwei weitere Vertreter auf der Welt hat. In Mexiko-Stadt befindet sich ein Duplikat des Madrider Brunnens, während im New Yorker Metropolitan Museum eine ähnliche Kybele in einem Karren zu sehen ist, der von zwei Löwen gezogen wird. Allerdings ist diese Skulptur kleiner und älter als das berühmte Gespann in der Hauptstadt. Was Skulpturen angeht, haben Madrid und New York ganz offensichtlich einiges gemeinsam.

Adresse Pantheon: Calle Julián Gayarre 3, Pacífico; Nationalbibliothek: Plaza Colón, Reco-
letos | ÖPNV Metro 1, Haltestelle Menéndez Pelayo; Metro 4, Haltestelle Colón | Öff-
nungszeiten Pantheon: Mo–Fr 9.30–18 Uhr, So 9–15 Uhr | Tipp Ponzano ist auch für
einige der Statuen des Pantheons der Infanten in El Escorial verantwortlich, unter anderem
für das eindrucksvolle Grab von Juan de Austria.

55__Die Mariblanca

Venus im Umzugsstress

Vor Jahren stand sie in einem kleinen Teich am Paseo de los Recoletos. Kaum jemand schenkte der strahlend weißen Skulptur Beachtung, die unerkannt ein anonymes Dasein fristete. Eines Morgens war sie plötzlich verschwunden.

Die in Italien gefertigte Statue erreichte Madrid 1625 und fand ihren Platz vor einer Kirche in der Nähe der Puerta del Sol. Fast zwei Jahrhunderte lang hatte die Venusstatue, die jeder aufgrund ihrer filigranen Ausfertigung aus Marmor einfach »Mariblanca« nannte, ihren Standort am Brunnen Fuente de la Fe. Aber das stressige Leben machte auch vor ihr nicht halt. Bereits bei ihrer Ankunft aus Italien erreichte sie Spanien ohne Kopf, der auf der Reise abhandengekommen war. Der Auftakt war zwar unerfreulich, aber noch nichts im Vergleich zu dem, was die arme Venus noch zu erwarten hatte. Von der Fuente de la Fe zog sie an einen unspektakulären Standort an der Plaza de las Descalzas Reales, bis sie 1892 in einem unterirdischen Lager zwischengelagert wurde. Nach rund 58 Jahren im Retiro-Park befand man in den 1970er Jahren den Paseo de los Recoletos als perfekten Standort, was sich als Verhängnis herausstellen sollte. Hier fiel sie der Zerstörungswut betrunkener Nachtschwärmer zum Opfer und erwachte eines Morgens zerschlagen im Teich.

Mariblanca wurde restauriert und fand ihren Platz im ehemaligen Rathaus an der Plaza de la Villa, fernab der Öffentlichkeit. 1985 platzierte man ein Duplikat an ihrem ursprünglichen Standort nahe der Puerta del Sol und stellte eine weitere Nachbildung im Städtischen Museum aus. Mittlerweile sind also drei Mariblancas im Umlauf, und die Geschichte ähnelt fast schon einem Hütchenspiel. Trotz diverser Spekulationen, die behaupteten, dass die echte Mariblanca wieder in die Öffentlichkeit gelangt ist, gilt es als sicher, dass das Original im alten Rathaus seinen Frieden gefunden hat. Seit September 2010 steht die Kopie der Puerta del Sol nun an einem neuen Standpunkt an der Ecke Sol / Calle Arenal.

Adresse Puerta del Sol, Sol | ÖPNV Metro 1, 2, 3, Haltestelle Sol | Tipp Besuchen Sie die Konditorei La Mallorquina, die süßeste Versuchung am Platz. Entweder probieren Sie klassisch Kaffee und Kuchen oder verschiedene Cremetörtchen. Sündhaft lecker.

56 Das Matadero

Kunst, Design und Kultur im ehemaligen Schlachthof

Als der Architekt Luis Bellido 1911 den gigantischen Gebäude-komplex im Mudéjar-Stil entworfen hatte, der für den neuen Schlachthof und Viehmarkt von Madrid geplant war, ahnte niemand, dass er rund 100 Jahre später als eines der größten Kulturprojekte Südeuropas die spanische avantgardistische Szene aufmischen wür-de. Dabei war der Weg hierhin ziemlich holprig, denn nach dem Aus des Schlachthofs und Viehmarkts, die beide 1996 auf den Groß-händlermarkt Mercamadrid verlegt wurden, war sich die Stadt ziem-lich uneinig über die Zukunft der 48 Gebäude auf 148.000 Qua-dratmetern Stadtgebiet. Wer sollte sich hier niederlassen? Ein Hotelkomplex oder das staatliche Fernsehen? Auch über eine Mu-seumsstadt und ein riesiges Einkaufszentrum wurde nachgedacht. Zwischenzeitlich waren die Anwohner von Legazpi ziemlich unge-halten, denn seit Jahren stand nun schon die ungenutzte Anlage mit-ten in ihrem Stadtviertel und verfiel zusehends. Sie forderten laut-stark den Abriss der Hallen.

2003 fiel die Entscheidung auf ein neuartiges Konzept, das es so in Madrid noch nie gegeben hatte: das Projekt eines gigantischen Labors für Kunst, Design und Kultur. 2005 begann man mit den auf-wendigen Umbauten, ein erstes Ergebnis präsentierte man schon ein Jahr später. Das »Matadero Madrid« war geboren, und zu den ersten offenen Bereichen, in denen kollektive Kulturprojekte angeboten wurden, zählte das Intermediae. Später wurden weitere Gebäude und Hallen für das Publikum geöffnet.

Heute ist das Matadero ein lebendiger Ort im stetigen Wandel mit immer neuen kreativen Prozessen und Projekten. Das einzigar-tige Projekt ist ein Vorzeigemodell, wo jede Kunstform ihren Platz hat: Theater, Ballett, Kino, Musik, Design, Architektur, Malerei, Fo-tografie, Städte- und Landschaftsgestaltung. Wer zwischen so viel Kreativität hungrig wird, bekommt in der Cantina leckere Tagestel-ler, Biosäfte, Kaffee und Gebäck.

Adresse Plaza Legazpi 8, Legazpi | ÖPNV Metro 3, 6, Haltestelle Legazpi | Öffnungszeiten Di–Fr 16–21 Uhr, Sa, So, Feiertage 11–21 Uhr, Mo geschlossen, Infos zu den aktuellen Ausstellungen und Veranstaltungen unter http://mataderomadrid.org, Eintritt frei | Tipp Für Familien mit Kindern ist nicht nur das Matadero spannend, sondern auch das Planetarium an der Avenida del Planetario 16.

57 Die Maya-Weissagung

Auf den Punkt getroffen

2012 war das Jahr der Maya-Prophezeiungen. Auch in Madrid gibt es einen Ort, der einen Auszug aus den Büchern verewigt hat. Fast schon einem Mahnmal gleichkommend, prangt auf einem der gigantischen Monumente an der Plaza Colón ein in Stein gehauenes Zitat aus den Chilam Balam von Chumayel, einer Sammlung von Texten, die zwischen dem 16. und 18. Jahrhundert in Yucatán in Mexiko entstanden sind. Sie geben Aufschluss über das Leben und die Kultur der Maya. Chumayel ist eines der Dörfer aus dieser Region, und die Chilames waren eigentlich Propheten, die ihre Weissagungen in Büchern festgehalten hatten.

Die Chilam Balam von Chumayel gehören zu den umfassendsten Texten dieser heiligen Bücher und gelten seit geraumer Zeit als verschollen. Übrigens sind die letzten Werke, die noch erhalten sind, nach der Ankunft der Spanier geschrieben worden und stammen erst aus dem 17. und 18. Jahrhundert. Praktischerweise fassen sie aber auch zahlreiche Texte und Gebete vor dieser Zeit noch einmal zusammen. So auch dieser Ausschnitt an der Plaza Colón. Das Monument prophezeit: »Oh Vater, sie sind nur einen Schrei weit weg entfernt, nur eine eintägige Reise! Empfangt Eure Gäste, die bärtigen Männer aus dem Orient, die das Zeichen der Gottheit Ku mit sich tragen!« Der Text spielt auf eine alte Maya-Weissagung an, die von der Ankunft der Europäer berichtet. Der Knackpunkt ist, dass mit den bärtigen Männern niemand anderes als die Spanier gemeint waren! Fakt ist also, dass konkret diese Prophezeiung voll ins Schwarze getroffen hat.

Tragischerweise konzentrieren sich die heutigen Maya mehr auf ihren täglichen Überlebenskampf, den sie vielerorts in Mexiko als ausgegrenzte indigene Volksgruppe führen müssen, als auf die Bewegungen am Sternenhimmel. Sie erleben eine alltägliche Apokalypse. Nicht die Apokalypse, die eintreten kann, sondern die, die beendet werden muss.

ORNADA ESTAN YA ¡OH PADRE!
DEL ORIENTE LOS HOMBRES BARBADOS

CHILAM BALAM DE CHUMAYEL

Adresse Plaza Colón, Ecke Calle Serrano, Goya (Salamanca) | ÖPNV Metro 4, Haltestelle Colón und Serrano | Tipp Weitere spannende Geschichten rund um das Thema der Mayas und Lateinamerika gibt es in der Casa de América an der Plaza Cibeles.

58 Die Mine der Bergwerkschule

Nur zum Schein

In der Kohlenmine mitten in der Stadt wurden niemals Mineralien abgebaut. Vielmehr diente sie dazu, den Studenten der Bergwerkschule zu zeigen, was die Kumpels beherrschen müssen, damit die Häuser der Stadt im Winter geheizt werden können. 1967 ordnete Marcelo Jorissen, der damalige Leiter der Bergwerkschule, den Bau der Forschungsmine an, die heute als kleines und fast schon vergessenes Museum fungiert.

Zu sehen ist ein 15 Meter tiefer vertikaler Brunnenschacht nebst Schachtgerüst aus Schmiedeeisen, in dem große Käfige die Männer mit ihren Materialien hinab in die Dunkelheit beförderten. Der Zugang erfolgt über eine Öffnung, der eine Treppe mit 75 Stufen angeschlossen ist. Je weiter man sich in die Tiefen der Mine begibt, desto feuchter wird die Luft unterhalb der dicken Erdschicht. Die stickige, abgestandene Luft ist gewiss nichts für klaustrophobisch angehauchte Nerven. Am Ziel angelangt, lässt sich ein weiterer Gang mit verrosteten Schienen ausmachen, auf denen schon seit Jahrzehnten die Waggons einsam ihr Dasein vor sich hin fristen. Eisenringe, Stützbalken und Verschalungen zeigen die verschiedenen Möglichkeiten, die es zu jener Zeit gab, um den Tunnel vor dem Einbruch zu schützen. Dabei lernt der Besucher, dass beispielsweise Eukalyptusbalken von den Minenarbeitern bevorzugt wurden, weil sie im Falle eines Einsturzes laut zu knirschen begannen. Die drohende Gefahr wurde sozusagen akustisch signalisiert und schenkte den Bergleuten wertvolle Zeit, um sich in Sicherheit zu bringen.

Obwohl es sich nur um eine Forschungsmine handelte, verzaubert sie mit Charme, denn alle Materialien sind authentisch und stammen aus echten Minen. Nur das Kohlenflöz am Ende der Galerie besteht aus einer schwarz angemalten Mauer, um daran zu erinnern, dass wir es mit einer Kohlenmine zu tun haben.

Adresse Calle de Ríos Rosas 21, Ríos Rosas (Chamberí) | ÖPNV Metro 1, Haltestelle Ríos Rosas | Öffnungszeiten Anmeldung unter Tel. +3491/3367023, Eintritt frei | Tipp Wenige Meter weiter, am Paseo de la Castellana, befindet sich der gigantische Gebäudekomplex Nuevos Ministerios, der verschiedene Ministerien beherbergt. Besonders imposant sind die Säulengänge und die vielen Plätze, Brunnen und kleinen Teiche im Inneren der Anlagen.

59 _ Die Mona Lisa im Prado

Aus dem Keller befreit

Jahrhundertelang blieb sie unbeachtet und wurde als eine von vielen Kopien der legendären Gioconda von Leonardo da Vinci angesehen. Dabei hat sie doch das gleiche geheimnisvolle Lächeln wie das Original.

Die spanische Mona Lisa gehört bereits seit 1819 zum Inventar des Prado-Museums, aber man hatte sie so gut wie nie ausgestellt, weil ihr Wert völlig unterschätzt wurde. So musste die Arme jahrzehntelang im Museumskeller schmachten, völlig zu Unrecht, wie sich mittlerweile herausgestellt hat.

Als ein Expertenteam 2011 feststellte, dass es sich bei dem Werk um die bedeutendste Version der Mona Lisa handelt, die bislang bekannt ist, war die Kunstwelt völlig aus dem Häuschen. Dabei hat man diese Einsicht dem Louvre zu verdanken, der ein Jahr zuvor den Prado anlässlich einer geplanten Da-Vinci-Ausstellung in Paris um eine Studie des Bildes gebeten hatte. Bei den Arbeiten stellte man fest, dass der schwarze Hintergrund der Kopie erst im Nachhinein aufgetragen worden war. Unter ihm kam dieselbe toskanische Landschaft zum Vorschein, die auch im Original zu sehen ist. Die eingesetzten Materialien sind hochwertig, wenngleich auch nicht mit da Vincis Werk vergleichbar.

Ebenso sensationell ist die Tatsache, dass beide Mona Lisas parallel ausgearbeitet wurden. Jede kleinste Korrektur, die bei der echten Gioconda vorgenommen wurde, wiederholt sich im Bild der spanischen Mona Lisa. Und auch die Dimensionen der beiden sind absolut identisch.

Trotz all der neuen Erkenntnisse gibt die Mona Lisa aus dem Prado nach wie vor Rätsel auf. Wer hatte das Bild nach Spanien gebracht? Und von wem stammt überhaupt die Kopie? Die Experten tippen auf einen Schüler des Meisters, wobei man sich gleich zwei Künstler vorstellen könnte – Andrea Salaj oder Francesco Melzi, der damalige Liebhaber und Erbe von Leonardo da Vinci.

Adresse Prado-Museum, Calle Ruiz de Alarcón 23, Jerónimos | ÖPNV Metro 2, Halte-
stelle Banco de España | Öffnungszeiten Mo–Sa 10–20 Uhr, So 10–19 Uhr | Tipp
Schräg gegenüber vom Prado liegt das Thyssen-Bornemisza-Museum, das den Prado und
das Zentrum für Zeitgenössische Kunst Reina Sofía mit seinen Werken vervollständigt.
Gemeinsam bilden die drei Museen das berühmte Madrider Museumsdreieck.

60 Die Motorenhalle in Pacífico

Symbol des urbanen Lebens

Sie könnte als Szenarium für den Film »Metropolis« gedient haben: Die alte Motorenhalle im Stadtteil Pacífico hatte von 1923 bis 1972 die Aufgabe, das Metronetz mit Strom zu versorgen. Drei gigantische Motoren mit einem jeweils dazugehörigen Wechselstromgenerator belieferten nicht nur die U-Bahn mit elektrischer Energie, sondern waren dank der drei Dieselmotoren auch in der Lage, eigenen Strom zu produzieren. In ihren Glanzzeiten galt die Motorenhalle als größtes Elektrizitätswerk Spaniens und war das Symbol der modernen Großstadt. Auch in historischen Momenten war ihr Einsatz gefragt. Während im Spanischen Bürgerkrieg die Metro in Schutzräume für Bedürftige umfunktioniert wurde, belieferte die Motorenhalle die Stadt mit Elektrizität, als die Stromversorgung knapp war. Nachdem die Stromanbieter wieder wettbewerbsfähig wurden, war der Motorenpark veraltet und reduzierte 1972 seine Dienste in erheblichem Maße. 1987 wurde die Anlage dann ganz eingestellt.

Im Rahmen des Projekts »Anden Cero«, das auch die alte Metrostation von Chamberí wieder aufgehübscht hat (siehe Seite 14), wurden beide Einrichtungen zu Interpretationszentren umgebaut, um den Besuchern ein Stück Madrider Geschichte an Originalschauplätzen näherzubringen. Die Maschinen und Motoren wirken wie neu und verdanken ihren grandiosen Zustand auch der Tatsache, dass sie bis vor wenigen Jahrzehnten noch in Betrieb waren. Außerdem haben die Restaurateure großartige Arbeit geleistet und sämtliche Teile sogar neu lackiert.

Die Wechselstromgeneratoren werden übrigens von Metallgeländern umgeben, die vor einem Sturz in die Tiefe schützen sollen. Immerhin hat ein Generator einen Durchmesser von sechs Metern, von denen die Hälfte in der Erde versinkt. Während der Führung lernt man aber, dass die Geländer ihre Tücke haben, denn auch sie stammen noch aus den 1920er Jahren. Man sollte ihnen also nicht allzu viel Vertrauen schenken, wenn man sich anlehnt.

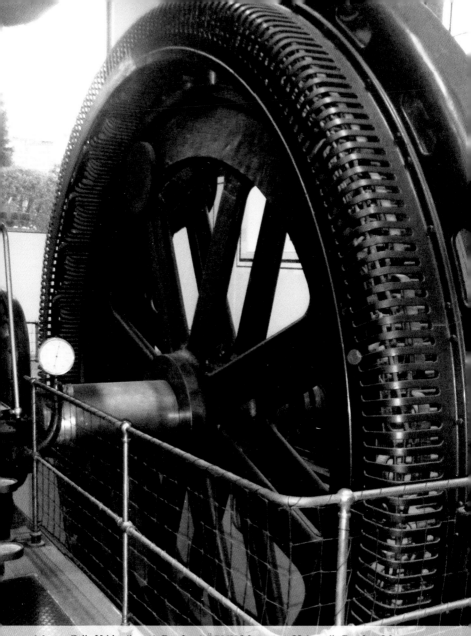

Adresse Calle Valderribas 49, Pacífico | ÖPNV Metro 1, 6, Haltestelle Pacífico; Metro 6, Haltestelle Conde de Casal | Öffnungszeiten Fr–So 11–13 und 17–19 Uhr, Eintritt frei | Tipp Die Stadt hat aus vielen alten Fabrikgeländen kulturelle Zentren gemacht. Sehenswert ist auch das Kunstzentrum Museo ABC in der Calle Amaniel 29–31, das in der ehemaligen Mahou-Brauerei untergebracht ist.

61 Das Museo Chicote

Die Cocktaillegende

Ein Keller mit rund 18.000 Flaschen gab dem Museo Chicote seinen Namen. Von dem mythischen Getränkelager ist heute kaum etwas übrig geblieben. Nur noch wenige Flaschen zieren die Regale im Eingangsbereich und sind selbstverständlich nicht für den Verzehr gedacht. Die berühmte Flaschensammlung begann 1917 mit dem Geschenk des damaligen brasilianischen Botschafters. Er schenkte dem Barmann des Hotel Ritz, Perico Chicote, eine Flasche Cachaça. 1931 eröffnete er das Museo Chicote, eine der ersten Cocktailbars der Stadt. Bis zu seinem Tod 1977 sammelte Chicote Tausende von Flaschen, die er von berühmten Künstlern, Schauspielern, Politikern, Sportlern und Musikern geschenkt bekam. Ein Privatmann ersteigerte 1983 die wertvolle Sammlung, und nur wenige Exemplare sind heute noch in der Bar zu sehen.

Hemingway war ein Stammgast. Aber auch Ava Gardner, Sophia Loren, Gary Cooper, Audrey Hepburn, Frank Sinatra, Grace Kelly oder Bette Davis waren seinen Drinks verfallen. Kaum ein Hollywoodstar, der nicht schon einmal im Museo Chicote die Nacht zum Tag gemacht hat. Selbst Präsidenten wie Eisenhower oder Wissenschaftler vom Schlage eines Alexander Fleming kamen, um den legendären »Cocktail Chicote« zu probieren – einen Mix aus Wermut, Gin und Grand Manier. Nicht nur die Cocktails lockten die Menschen an den Tresen, sondern auch der charismatische Perico Chicote selbst. Er war ein Vorzeige-Barmann. Stets höflich und diskret. Kein Mucks ging ihm über die Lippen, wenn ihm ein beschwipster Gast seine Geheimnisse ausplauderte. Der perfekte Beichtvater eben. So musste er sich auch keine Sorgen um mögliche Konkurrenz machen, als neue Cocktailbars in seiner Nachbarschaft eröffneten. Sein Laden brummte. Übrigens soll es einen Geheimgang über den Kamin in der Bar »Cock« in der parallel verlaufenden Calle de la Reina geben, die 1945 von Chicotes Neffen Perico Chicote übernommen wurde, um beide Lokale miteinander zu verbinden.

Museo
Chicote

Gran Vía 12, Justicia   Metro 1, 5, Haltestelle Gran Vía
Mo–Do 17–3 Uhr, Fr, Sa 17–4 Uhr   Noch mehr Cocktails gibt es in der Calle de la Reina im »Del Diego« und im »Cock« mit ähnlich hohem Kultfaktor. Neben dem Museo Chicote lockt der Gin-Club »Mercado de la Reina« in modernem Design.

62 Das Museum der Guardia Civil

Der Schnäuzer macht den Unterschied

Uniformen, Pistolen, Gewehre und Fahnen erzählen im Museum der Guardia Civil die Geschichte der spanischen paramilitärischen Polizeieinheit, die sich auf den ersten Blick an dem charakteristischen Dreispitz erkennen lässt. Auch das Dienstfahrrad aus dem Jahr 1865 mit dem Mausergewehr und dem Stoffumhang, den man während der Patrouillen durch die Stadt trug, kann man im Original im Museum der Guardia Civil bestaunen. Zudem mussten die Polizisten stets ein kleines Köfferchen präsent haben, in dem sie Hygieneprodukte – als Zeichen ihrer Reinlichkeit – und einen 25-Peseten-Schein mit sich führten, der Lohn für drei Monate Arbeit. Damit sollte garantiert werden, dass sie niemals in die Verlegenheit kommen würden, sich Geld leihen zu müssen.

Aber die Polizisten der Guardia Civil hatten noch ein anderes Merkmal, was sie von den übrigen Spaniern unterschied. Ein königlicher Befehl verdonnerte sie zum Tragen eines Schnäuzers, der so dicht und üppig wie möglich sein sollte, um ihre Männlichkeit zu unterstreichen. Das ging so weit, dass bei der Einstellung viele Bewerber ausgeschieden sind, weil ihr Bart nicht ausdrucksstark genug war. Einige Anwärter halfen mit Tricks nach, um ihren Schnäuzer voluminöser erscheinen zu lassen. Die Dienstordnung aus dem Jahr 1879 schrieb vor, dass sich der Polizist im Dienst der Guardia Civil mindestens drei Mal in der Woche ordentlich zu rasieren und den Bart zu stutzen habe. Es war ein Unding, das Hauptquartier ohne gewaschenes Gesicht und mit ungepflegten Haaren zu verlassen.

Bis heute existiert die Einheit der Guardia Civil und nimmt neben militärischen auch zivile Aufgaben wahr. Der Schnäuzer ist mittlerweile zwar passé, aber die typische Assoziation eines Polizisten der Guardia Civil wird nach wie vor mit Oberlippenbart und Dreispitz gezeichnet.

Adresse Calle de Guzmán el Bueno 110, Vallehermoso | **ÖPNV** Metro 6, 7, Haltestelle Guzmán el Bueno | **Öffnungszeiten** Mo–Fr 9–13 Uhr, Eintritt frei unter Passvorlage | **Tipp** Auch das Wachsfigurenkabinett an der Plaza de Colón zeigt viele berühmte Polizisten und wichtige Persönlichkeiten aus der spanischen Geschichte. Vor vielen öffentlichen Gebäuden stehen auch heute noch Polizisten der Guardia Civil mit ihrem Dreispitz und Schnäuzer.

63__Der Neptun-Brunnen
Der ewige Zweite

Nicht nur bei der Frage nach den schöneren Brunnen liegen der Neptun-Brunnen und der Kybele-Brunnen in einem ewigen Wettstreit. Auch fußballtechnisch gesehen sind sie harte Konkurrenten: An der Plaza Cibeles feiern die Fans von Real Madrid die Siege ihrer Mannschaft, während der Neptun-Brunnen den Anhängern von Atlético Madrid vorbehalten ist. Zugegeben, die griechische Göttin ist Neptun immer eine Nasenlänge voraus, ähnlich wie Real Madrid in den Tabellenpunkten der spanischen Liga meist vor Atlético Madrid liegt. Und die Kybele ist nun einmal eines der wichtigsten Symbole der Stadt, daran kann auch Neptun mit seinem grimmigen Blick nichts ändern.

Dabei haben sie so viele Gemeinsamkeiten. Beide Entwürfe stammen aus der Feder von Ventura Rodríguez und wurden 1777 geplant. Er setzte für beide Projekte den gleichen weißen Marmor aus Montesclaros in der Provinz Toledo ein. Der Bildhauer Juan Pascual de Mena begann 1782 mit der Ausarbeitung des Neptun-Brunnens, starb aber schon zwei Jahre später. 1786 vollendeten seine Schüler den Rest.

Ursprünglich stand der Brunnen an einer Stelle am Paseo de los Recoletos, wo Neptun seiner Konkurrentin Kybele direkt in die Augen schauen konnte. 1898 erhielt er seinen heutigen Standort an der Plaza de Cánovas del Castillo. Von hier aus blickt er zornig auf die Gäste des Hotel Palace und die Politiker, die im Abgeordnetenhaus ein und aus gehen. Letzteres ist auch nicht weiter verwunderlich. Aber in Anbetracht der Tatsache, dass Neptun bekanntlich keinen freundlichen Charakter hat und hin und wieder gern für ein ordentliches Gewitter sorgen kann, wenn er richtig sauer wird, ist er doch ganz freundlich zu den Madrilenen.

Ihm macht es nichts aus, dass man ihm schon mehrfach seinen Dreizack geklaut hat, und auch die Fans von Atlético Madrid erträgt er mit einer Engelsgeduld.

Adresse Plaza de Cánovas del Castillo, Cortes | ÖPNV Metro 2, Haltestelle Banco de España | Tipp Wenige Meter weiter, auf dem Paseo del Prado 36, befindet sich das Kulturzentrum Caixaforum. Das ehemalige Elektrizitätswerk beherbergt zeitgenössische Ausstellungen und ist Teil der Madrider Museumsmeile. Eintritt frei.

64 Die Nonnen im Carboneras-Kloster

Aniskringel und Mandelplätzchen

Eine diskrete Eingangstür führt die Besucher direkt in die abgeschottete Welt der Nonnen im Carboneras-Kloster. Es wurde 1607 mit Genehmigung von Felipe III. von einer der Hofdamen der Königin gegründet. Doña Beatriz Ramírez de Mendoza war für insgesamt drei Klöster verantwortlich, was aber nicht bedeutete, dass sie besonders fromm gewesen sei – im Gegenteil. Ihr Leben war sehr polemisch. Aus ihrem eigenen Kloster flog sie mit der Begründung heraus, sie sei die größte Intrigantin am Hof.

Berühmt ist das Kloster auch für das hausgemachte Gebäck der Nonnen, das vor allem in der Weihnachtszeit viele Abnehmer findet. Einfach an der Klingel läuten und auf das freundliche »Ave María Purísima« warten. Schon befindet man sich in der absoluten Stille und Einsamkeit des Klosters. Eine andere Welt, vom profanen Alltag nur durch eine Mauer getrennt. Ein Pfeil weist den Weg in Richtung Ausgabestelle, wo die Nonnen in gewisser Weise mit der Außenwelt in Kontakt treten können. Wenngleich auch ohne gesehen zu werden. Besonders lecker sind die Aniskringel, aber auch Mandelplätzchen oder Krapfen sind echte Kassenschlager. Ein halbes Kilo der süßen Sünden kostet rund acht Euro.

Wenn man schon gerade einmal im Kloster ist, lohnt sich ein Blick auf das »Letzte Abendmahl«. Anstelle der üblichen Frontalansicht erhalten wir mit diesem Bild einen ganz neuen Blickwinkel, nämlich von der schmalen Seite des Tisches aus gesehen. Absolutes Highlight ist das Bild der Heiligen Jungfrau, das ungefähr aus der Zeit der Eröffnung des Klosters stammt. Es heißt, Kinder hätten das Werk zwischen einem Kohlehaufen gefunden. Seltsamerweise war das Bild blitzsauber und kein bisschen staubig. Seitdem verehrt man die Heilige als »Kohlenjungfrau«, Virgen de la Carbonera, und auch das Kloster bekam den Beinamen Carboneras.

Adresse Convento de Jerónimas del Corpus Christi, Plazuela del Conde de Miranda 3, Austrias | ÖPNV Metro 2, 5, Haltestelle Ópera; Metro 1, 2, 3, Haltestelle Sol | Öffnungs-zeiten Mo–Fr 9.30–13 und 16–18.30 Uhr | Tipp Machen Sie einen Spaziergang quer durch die verwinkelten Straßen des Austrias-Viertels und lassen Sie sich vom Ambiente und dem Charme der alten Häuser verzaubern.

65 Nuestra Señora de Montserrat von San Bernardo

Leiden eines Gotteshauses

Ein Kloster zu Ehren der Schutzheiligen von Katalonien, mitten in Madrid. Es steht nicht weit von der Gran Vía entfernt und beherbergt heute die Benediktinermönche von Santo Domingo de Silos.

Im 17. Jahrhundert wurde es erbaut, um die vertriebenen Benediktinermönche aus Katalonien aufzunehmen. Damals galt das Kloster von Montserrat als wichtigstes Benediktinerzentrum Kataloniens, unterstand jedoch der kastilischen Rechtsprechung in Valladolid. Die katalanischen Mönche waren es leid, dass ihr Abt fast immer kastilischer Herkunft war, sodass sie alle Spanisch sprechenden Mönche aus dem Kloster warfen. Das Gotteshaus in Madrid bekam seine eigene Jungfrau aus Montserrat und diente fortan den vertriebenen Benediktinern als neue Wirkungsstätte.

Mit der Enteignung von Kirchengut durch den Ministerpräsidenten Mendizábal mussten die Mönche erneut den Platz räumen, und man funktionierte das Kloster 1836 kurzerhand in das erste offizielle Frauengefängnis der Stadt um. »La Galera« hielt sich aber nicht lange, und schon wenige Jahre später konnte das Gebäude seinen ursprünglichen Betrieb als Gotteshaus wieder aufnehmen. Bis die Zweite Republik dem Kloster erneut einen Strich durch die Rechnung machte und es in einen Ballsaal verwandelte. Die Nutzungsmöglichkeiten eines Klosters sind eindeutig sehr vielfältig. Als dann der Spanische Bürgerkrieg ausbrach, wütete er auch im Gotteshaus und verwandelte ihn in einen Ort des Grauens. Vier Mönche, die sich dort noch versteckten, wurden in den heiligen Hallen umgebracht. Die katholische Kirche ernannte sie später zu Märtyrern.

Aber die Geschichte des leidgeplagten Klosters nahm ein gutes Ende. 1954 wurde ein Dekret erlassen, das den Benediktinern das Kloster Montserrat von San Bernardo wieder zusprach. Seitdem führen dort die Mönche ein friedliches Leben.

Adresse Calle San Bernardo 79, Palacio | ÖPNV Metro 2, 4, Haltestelle San Bernardo | Tipp Sensationelle argentinische Pizza gibt es in der winzigen Pizzeria »Mastropiero« in der Calle de San Vicente Ferrer 34, die seit vielen Jahren von einer unwahrscheinlich netten Argentinierin geführt wird. Wenn es nicht zu voll ist, werden die Gäste zum Schluss auf ein Stück selbst gebackenen Kuchen mit argentinischer Caramelcreme »Dulce de leche« eingeladen.

66 Die Olvidoteca im Hotel Conde Duque

Bibliothek der verwaisten Bücher

Was tun Hotels mit den vergessenen Büchern ihrer Gäste? Die meisten wandern aller Voraussicht nach in den Mülleimer und segnen das Zeitliche. Die leitende Hausdame im Hotel Conde Duque, Rafi Prieto García, hatte eine viel bessere Idee.

Vor einigen Jahren stellte sie fest, dass immer mehr Bücher von den Hotelgästen auf den Zimmern zurückgelassen wurden, ohne jemals von ihren Besitzern reklamiert zu werden. So schlug sie dem Hoteldirektor vor, die Exemplare in einer kleinen Vitrine zu präsentieren. Da diese sich im Laufe der Zeit zunehmend füllte, baute man den Saal im Erdgeschoss in eine Bibliothek um. Den originellen Namen »Olvidoteca«, der auf Deutsch so viel wie »Vergessenheitsthek« bedeutet, hat sich das Hotel sogar patentieren lassen. Seitdem können die Gäste in rund 500 verwaisten Büchern auf Spanisch, Englisch, Französisch, Russisch, Chinesisch, Arabisch und Deutsch schmökern, die in einem großen Wandregal aus Mahagoniholz untergebracht sind. Die Werke wurden weder nach Autoren noch nach Sprache sortiert und finden immer da Platz, wo gerade eine Lücke im Regal frei ist.

Der spannende Büchermix setzt sich aus Krimis, Gedichten, Romanen, Essays und Reiseführern zusammen. Auch Klassiker wie »Les Misérables« oder »The Von Kessel Dossier« haben hier ihren Platz. Laut Rafi ist die eigenwillige Bibliothek so beliebt, dass viele Hotelgäste am Ende ihres Aufenthalts ein Buch auf dem Zimmer mit dem Vermerk »Für die Olvidoteca« zurücklassen. Dass die verwaisten Bücher im Hotel ihre endgültige Bleibe gefunden haben, versteht sich eigentlich von selbst. Vorsichtshalber hat das Hotel einen Hinweis angebracht, auf dem zu lesen ist: »Die Olvidoteca wird von unseren Gästen für unsere Gäste zusammengestellt. Bitte geben Sie das geliehene Buch nach Ihrem Aufenthalt wieder zurück.«

Adresse Plaza Conde del Valle de Súchil 5, Arapiles (Chamberí) | ÖPNV Metro 2, 5, Haltestelle San Bernardo | Tipp Das Conde Duque ist eines der wenigen Hotels der Stadt, das auch Haustiere bis zu fünf Kilogramm akzeptiert. Für die Kleinen gibt es sogar ein Willkommensleckerchen vom Hotel.

67 __ Oratorio del Santo Niño

Hilfe vom Jesuskind

Eine kleine Kapelle zwischen den Hauszeilen im Austrias-Viertel widmet sich einer wundersamen Kindsfigur, dessen Geschichte auf das Ende des 19. Jahrhunderts zurückgeht. 1897 verkaufte eine wohlhabende Bürgerin ihre Besitztümer, weil sie ins Ausland gehen wollte. Für 100 Peseten kaufte ihr damals der Buchbinder Pedro Martín Mazarruela die Figur eines Jesuskinds ab, die vermutlich aus dem 16. oder 17. Jahrhundert stammte. Er stellte sie in seine Werkstatt, wo sich die Familie jeden Nachmittag nach der Arbeit zum Beten traf.

Bald machte das Jesuskind die Runde in der Nachbarschaft. Immer mehr Gläubige kamen, um ihm einen Besuch abzustatten, und schon bald berichteten die ersten Nachbarn, die Figur könne Wunder vollbringen. Sie half den Menschen, in schwierigen Situationen klarzukommen. Selbst die Mutter des Königs Alfonso XIII., María Cristina, besuchte heimlich die Werkstatt und betete für ihren Sohn. Mit Hilfe von Spenden verwandelte sich der Ort in eine provisorische Kapelle. Allerdings hatte die Figur noch gar keinen Namen. Im Losverfahren wurde zwischen den Namen »Hoffnung«, »Verzeihung«, »Trost« und »Hilfe« entschieden. Zwei Mal traf das Los auf »remedio«, die Hilfe, und das Jesuskind hieß ab sofort Santo Niño del Remedio.

1917 wurde die Figur an ihren heutigen Standort gebracht. Im Laufe der Jahre musste sie mehrfach restauriert werden, denn die Hände unzähliger Gläubiger hatten ihre Spuren hinterlassen. Aber auch schon bevor die Figur Berühmtheit erlangte, wurde sie optisch verändert, wie Historiker anhand von Spuren festgestellt haben. Das Jesuskind bekam vermutlich schon im 18. Jahrhundert Glasaugen eingearbeitet. Später erhielt es verlängerte Wimpern, damit sein Blick an Ausdruck gewann, und sein rechter Fuß musste erneuert werden, weil dieser sich nach unzähligen Küssen praktisch in Luft aufgelöst hatte. Heute trägt das Kind schicke Silberschuhe, um die Füßchen zu schützen.

Adresse Calle de los Donados 6, Austrias | ÖPNV Metro 2, 5, Haltestelle Ópera | Öff-
nungszeiten Mo–So 8–12 und 18–20 Uhr | Tipp »La Cruzada«: Die älteste Taverne Ma-
drids wurde erstmalig 1827 eröffnet und befindet sich in der Calle Amnistía 8. Hier war
schon Alfonso XIII. ein gern gesehener Gast.

68 Pablo Iglesias in der Calle Ferraz

Der vergrabene Kopf

Mit neun Jahren lief Pablo Iglesias 1859 zu Fuß mit seiner Mutter und seinem jüngeren Bruder vom galizischen Ferrol nach Madrid, um ein besseres Leben zu finden. Jahre später gründete er die Sozialistische Arbeiterpartei Spaniens (PSOE). Heute erinnert auf der Avenida Pablo Iglesias ein riesiger Steinkopf an den Politiker, wenngleich auch nicht das Original. Auch das ist noch zu sehen, allerdings etwas lädiert. Es steht im Parteisitz der PSOE. Dabei gleicht es fast schon einem Wunder, dass der Steinkopf überhaupt noch existiert. Ursprünglich stand die komplette Skulptur von Pablo Iglesias im Parque del Oeste. Nach dem Spanischen Bürgerkrieg wurde das Denkmal gesprengt. Für Franco galt es als »staatsfeindlich«. Der Kopf der Skulptur war jedoch ein echter Dickschädel und ließ sich nicht kleinkriegen. Also schaffte man ihn 1940 zusammen mit anderen nicht mehr gewünschten Statuen in den Retiro-Park. Dort sollte dem Kopf endgültig der Garaus gemacht werden.

Ein Angestellter des Retiros, José Pradal, konnte dies in letzter Minute verhindern. Er erklärte den Sprengbeauftragten, das Material sei für den Mauerbau ungeeignet. Wahrscheinlich steckten einige Arbeiter mit Pradal unter einer Decke, denn noch in der gleichen Nacht vergrub er den Kopf in einem Graben, der mit Bauschutt aufgefüllt war. Ein einziger Mann hätte nicht die Kraft gehabt, den 1.500 Kilogramm schweren Schädel allein zu verstecken. Bis 1979 lag der Kopf in seinem heimlichen Grab im Retiro. Pradal hatte einen Lageplan des Verstecks angefertigt und seinem Bruder Gabriel im französischen Exil zukommen lassen, der ihn kurz vor seinem Tod 1965 seinen Kindern anvertraute. Nach Francos Tod informierte Gabriels Tochter die Sozialisten über die Existenz des Kopfes. Der anderthalb Meter hohe Schädel hatte zwar seine Nase eingebüßt, sah aber nach fast 40 Jahren unter der Erde noch ganz passabel aus.

Adresse Calle Ferraz 70, Argüelles | **ÖPNV** Metro 3, 4, Haltestelle Argüelles; Metro 3, Haltestelle Ventura Rodríguez | **Tipp** Argüelles ist traditionell das Kneipenviertel der Studenten. Die wohl bekannteste Barmeile setzt sich aus den Bajos de Argüelles zwischen den Straßen Andrés Mellado und Gaztambide zusammen, die seit 30 Jahren als größte Ansammlung von Heavy-Metal-Bars in ganz Europa gelten.

69 Der Palacio de Linares

Verbotene Liebe

Die Schreie eines kleinen Mädchens im Palacio de Linares waren Anfang der 1990er Jahre das Medienereignis. Das Gebäude wurde zu der Zeit renoviert. Dabei kam es jedoch zu Vorfällen, die selbst hartgesottenen Arbeitern das Blut in den Adern erstarren ließ. »Ich will zu meiner Mama«, schallte es durch die Säle, und man hörte Schritte durch die Flure huschen. Reporter und Fernsehteams belagerten das Gebäude, und die Spürhunde der Polizei weigerten sich, bestimmte Räume zu betreten. Dabei galt der Palast schon seit vielen Jahren als verwunschenes Gebäude mit gruseliger Vergangenheit.

1872 hatte der Marquis von Linares, José de Murga, gemeinsam mit seiner Frau Raimunda den Palast an der Plaza de Cibeles errichten lassen. Doch wenn es nach Josés Papa Mateo Murga gegangen wäre, hätte es gar nicht so weit kommen dürfen. José hatte ihm irgendwann gebeichtet, sich in Raimunda verliebt zu haben, die Tochter einer Fabrikarbeiterin. Sein Vater reagierte ungewohnt heftig und schickte ihn zum Studium nach England, um sie zu vergessen. Der Knackpunkt war, dass Raimunda seine eigene uneheliche Tochter war, die aus einer heimlichen Liaison mit deren Mutter entstanden ist. José und Raimunda waren Geschwister!

Nach dem Tod des Vaters heirateten die beiden und bekamen die kleine Raimundita. Zufällig fanden sie einen Brief des Vaters, der die Wahrheit ans Licht brachte. Fortan lebten sie in Keuschheit, wie von Papst Pius IX. aufgetragen. Casti convivere. Ab diesem Zeitpunkt beginnen die vielen Legenden, die sich um den Palast ranken. Angeblich tötete das Paar seine Tochter und versteckte ihre Leiche im Gebäude. Anfang des 20. Jahrhunderts fand man tatsächlich einen Bleikasten mit menschlichen Überresten. Raimundita? Sie war der Schlüssel zu den Phänomenen. Heute sind die Schreie des kleinen Mädchens verstummt, aber hin und wieder berichtet das Sicherheitspersonal von mysteriösen Schatten, die ihre nächtlichen Kontrollrundgänge kreuzen …

Adresse Plaza de Cibeles 2, Recoletos | OPNV Metro 2, Haltestelle Banco de España
Öffnungszeiten für Besucher der Casa América jeweils Sa, So um 11, 12 und 13 Uhr
Tipp Der gegenüberliegende Palacio de las Comunicaciones, in dem mittlerweile ein Teil
des Rathauses untergebracht ist, bietet Ausstellungen, Design und eine Bar-Terrasse im
sechsten Stock mit tollem Ausblick. Eintritt frei.

70 Der Palacio de Longoria

Gruß von Gaudí

Die verschnörkelte Jugendstilfassade fällt unweigerlich ins Auge. Kurven und sanfte Formen erinnern spontan an Gaudí, der Barcelona seinen individuellen Stempel aufgedrückt hat. Aber wir haben es nicht mit einem weiteren Werk des katalanischen Stararchitekten zu tun. Der Palast stammt aus der Feder von José Grases Riera, der innerhalb von zwei Jahren, von 1902 bis 1904, das wichtigste Exemplar der modernistischen Bewegung von Madrid erbaut hatte. Der Financier Javier González Longoria vergab damals den Auftrag und sicherte Riera absolute Narrenfreiheit bezüglich des Designs zu. Das Ergebnis erinnert ein wenig an die Arbeit eines Töpfers, der den Rohentwurf nachträglich mit Rundungen, Schnörkeln und allerlei detaillierten Verzierungen verschönert hat.

Nicht umsonst nennen die Madrilenen das Gebäude auch »la tarta«, Torte, die mit Blättern, Frauenköpfen und Girlanden ausstaffiert wurde. In Barcelona ist man den Modernismus, der die Stadt mit Gebäuden wie der Sagrada Família oder dem Pedrera-Haus revolutioniert hat, gewohnt. In Madrid fand die Bewegung allerdings weniger Zuspruch, deshalb ist der Palacio de Longoria von absolutem Seltenheitswert.

Kurioserweise lebten die ersten Bewohner nicht lange in dem Gebäude, und es wurde 1912 für den damals stolzen Preis von 500.000 Peseten an einen Madrider Zahnarzt verkauft. Seit 1950 ist es Sitz der spanischen Autorengesellschaft SGAE. Sie kaufte das Haus für fünf Millionen Peseten und ließ es 1992 komplett renovieren.

2009 verkündete die SGAE ihren Umzug in den Palacio del Infante Don Luis in der Kleinstadt Boadilla del Monte. Die Stadtverwaltung machte ihr aber einen Strich durch die Rechnung mit der Begründung, dass sie mit einem Umzug gegen die historische Bedeutung des Palastes als allgemeines Kulturgut der Stadt verstoßen würde, sodass die SGAE im Palacio de Longoria blieb.

Adresse Calle Fernando VI 4, Chueca | ÖPNV Metro 4, 5, 10, Haltestelle Alonso Martí-
nez | Tipp An der Ecke zur Calle Fernando IV beginnt die Calle Pelayo, die auf dieser
Höhe mit kleinen Galerien und ganz zauberhaften Geschäften aufwartet. Eine der schönsten Gegenden im Zentrum von Madrid zum Bummeln, Ausgehen und Leben.

71__ Das Pantheon der illustren Männer

Letzte Ruhestätte für eine Leiche

Eine Mischung aus Faszination und Frösteln macht sich breit, wenn man an diesem ungewöhnlichen Ort steht. Das Pantheon der berühmten Männer beherbergt sieben Grabstätten, jede für sich ein eigenes Monument. Das Projekt aus dem Jahr 1891 stammt vom Architekten Fernando Arbós y Tremanti, der sich vom Glockenturm in Florenz inspirieren ließ. Sechs der Grabstätten liegen im Pantheon und sind mit üppigen Symbolen, menschlichen Figuren und Allegorien verziert. Im Garten befindet sich das Mausoleum, das erst seit 1912 zum Pantheon gehört und für die Herrschaften Mendizábal, Argüelles und Calatrava als letzte Ruhestätte vorgesehen war. Im Pantheon fanden berühmte Persönlichkeiten ihre vorläufig letzte Ruhe. Die meisten der Gebeine wurden später von den Heimatstädten der Verstorbenen angefordert. Nur der Politiker José Canalejas ist dem Pantheon noch erhalten geblieben. Seine sterblichen Überreste liegen in einem spektakulären Grabmal aus weißem Marmor, das zwei Männer und eine Frau zeigt, die den Dahingeschiedenen zu Grabe tragen.

Viele illustre Männer fanden gar nicht erst den Weg ins Pantheon, weil ihre Leichen niemals gefunden wurden. Miguel de Cervantes wurde 1616 offiziell im Kloster der Trinitarierinnen beerdigt. Mit dem Einsturz der Kapelle gingen seine sterblichen Überreste verloren, und es ist unklar, ob sie jemals wiedergefunden werden. Auch der Leichnam von Lope de Vega, der 1635 in einer Kirche in der Calle Atocha beerdigt wurde, ist nach Renovierungsarbeiten spurlos verschwunden. Calderón de la Barca wurde vom Pantheon in eine Kirche in der Calle San Bernardo verlegt, die während des Bürgerkriegs zerstört wurde. Obwohl der Pfarrer versicherte, die sterblichen Überreste an einen sicheren Ort gebracht zu haben, verstarb dieser, ohne sein Geheimnis jemals gelüftet zu haben.

Adresse Calle Julián Gayarre 3, Jerónimos | ÖPNV Metro 1, Haltestelle Menéndez Pelayo | Öffnungszeiten Di–Fr 10–14 und 17–19 Uhr, Sa, So 10–15 Uhr | Tipp Die Basilica de Nuestra Señora de Atocha auf der nahe gelegenen Avenida de la Ciudad de Barcelona ist die bedeutendste der fünf Basiliken in der spanischen Hauptstadt und beherbergt auf ihrem Hochaltar die sagenumwobene Figur der Heiligen Jungfrau von Atocha.

72 Das Parkhaus an der Plaza Vázquez de Mella

Chueca An-Dante

Seit Mitte der 1990er Jahre regiert in Chueca die Schwulenszene. Sie hat nicht nur dafür gesorgt, aus dem einst heruntergekommenen Stadtviertel ein buntes Viertel zu zaubern, in das viele neue Geschäfte, Bars und Restaurants eingezogen sind. Aus eigenen Mitteln hat die schwule und lesbische Gemeinde die Altbauwohnungen restauriert und dafür gesorgt, dass zum ersten Mal ein Hauch von Avantgarde in Madrid zu finden war, eine Eigenschaft, die bis dato Barcelona zugeschrieben wurde.

Kunst und Design haben auch vor dem Parkhaus an der Plaza de Vázquez de Mella nicht haltgemacht. In roter Neonschrift liest man hier entlang der Wände Sätze aus der »Göttlichen Komödie« von Dante Alighieri. Die italienische Architektin Teresa Sapey war verantwortlich für das Projekt mit dem Namen »Chueca An-Dante« und ließ sich von Alighieris fünftem Gesang inspirieren. Darin geht es um eine Reise durch die drei Reiche des Jenseits. So dürften nicht wenige Autofahrer, die dieses Parkhaus aufsuchen, positiv überrascht sein, wenn sie statt dunkelgrauer Mauern und Muff rot lackierte Wände erblicken und romantische Auszüge aus dem Abstieg in die Hölle lesen können: »Liebe, die Keinem Gegenlieb' erlässt, ergriff für ihn auch mich mit solcher Macht, dass, wie du siehst, sie noch nicht von mir lässt.«

Das Parkhaus ist gleichzeitig Kunstgalerie. Riesige Fotografien zeigen Männer, Frauen und Kinder, die sich ganz offensichtlich lieb haben. Neben modernem Design gibt es auch technologische Errungenschaften zu bewundern, die Frauenparkplätze schon fast überflüssig machen. Das komplette Parkhaus ist übrigens in ein angenehm warmes Licht getaucht. In den Boden eingelassene bunte Lichter zeigen an, wo es freie Parkplätze gibt. An der Einfahrt hängt eine gigantische rote Schlaufe, das Symbol für den Kampf gegen Aids.

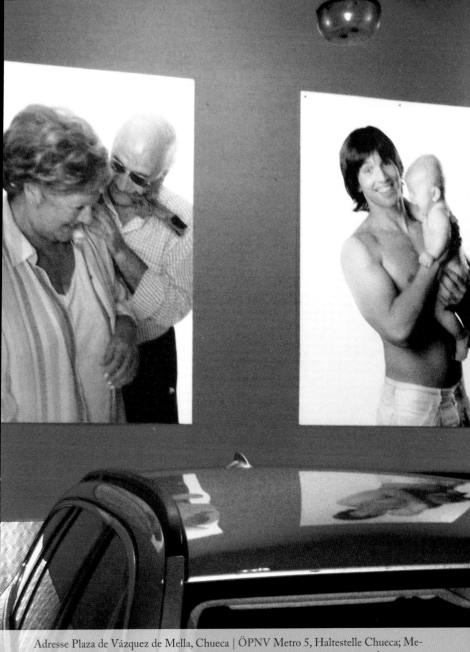

Adresse Plaza de Vázquez de Mella, Chueca | ÖPNV Metro 5, Haltestelle Chueca; Metro 1, 5, Haltestelle Gran Vía | Tipp Die Dachterrasse im Hotel Room Mate Óscar bietet eine Chill-out-Lounge, leckere Cocktails, einen Pool und eine atemberaubende Panoramasicht auf Madrid. Das alles macht sie zu einem der gefragtesten Treffpunkte in den Sommernächten der Stadt.

73 Der Parque El Capricho

Auf den Spuren des Spanischen Bürgerkriegs

Ausgerechnet den romantischsten Park von ganz Madrid hatte man sich ausgesucht, um von hier aus die Stadt während des Spanischen Bürgerkriegs zu verteidigen. Das war sicher nicht im Sinn der Gräfin von Osuna, die den Garten Ende des 18. Jahrhunderts in Auftrag gegeben hatte. Sie wollte sich hier einfach nur vom Alltagsstress in der Großstadt erholen und machte aus dem 14 Hektar großen Grundstück ein Naturparadies mit künstlerischer Note, in dem die bekanntesten Persönlichkeiten der damaligen Zeit lustwandelten und die besten Künstler und Gärtner Spaniens beschäftigt waren. Sie ließ ein kleines Schlösschen errichten, das von unterschiedlichen Gartenanlagen umringt wurde. Vom Heckenlabyrinth bis zum griechischen Tempel zu Ehren des Gottes Dionysos war alles dabei.

Allerdings hatte der Park nicht immer im Leben das Glück gehabt, gehegt und gepflegt zu werden. Im Spanischen Unabhängigkeitskrieg zu Beginn des 19. Jahrhunderts funktionierten ihn die französischen Truppen in eine Art Campingplatz für ihre Soldaten um. Sie hinterließen ein regelrechtes Schlachtfeld, und danach war nichts mehr so wie früher. Zwar gelangte der Garten wieder in die Hände der Grafenfamilie, aber die rauschenden Partys der Gräfin hatten ein Ende.

Im Spanischen Bürgerkrieg wurde der Parque El Capricho erneut von Soldaten entdeckt. General José Miaja richtete hier sein Quartier ein, um die Stadt vor Francos Truppen zu schützen. Es wurde ein Bunker neben dem Schlösschen erbaut, dessen Zugang und Luftlöcher noch heute zu sehen sind. Nicht weit entfernt vom Eingang des Parks befindet sich ein Munitionsturm, der die Truppen versorgte. Tragischerweise wurde von hier aus auch die Kapitulation der Stadt erklärt.

Die Schönheit des Parks ist dennoch nicht ganz in Vergessenheit geraten. 1965 diente er als einer der Schauplätze für den legendären Film »Doktor Schiwago«.

Adresse Paseo Alameda de Osuna, Barajas | **ÖPNV** Metro 5, Haltestelle El Capricho | **Öffnungszeiten** Okt.–März Sa, So 9–18.30 Uhr; April–Sept. Sa, So 9–21 Uhr | **Tipp** Im Park befinden sich auch die Reste einer kleinen Kapelle, in der ein Einsiedler lebte, dem die Gräfin von Osuna verboten hatte, sich die Haare zu schneiden.

74__Der Parque Quinta de los Molinos

Ein mediterraner Garten in der Stadt

Für die Mandelblüte muss man nicht extra nach Mallorca oder Alicante fahren. Nur ein paar Metrostationen von der Puerta del Sol entfernt kann man auch mitten in Madrid in den Genuss dieses einmaligen Naturspektakels kommen. An der Metrostation Suanzes, auf Höhe der Calle Alcalá 527, befindet sich der Eingang zu einem der schönsten Parks der Stadt, über den sich in der zweiten und dritten Märzwoche eine leuchtend rosa-weiße Decke legt. Der Parque Quinta de los Molinos empfängt die Besucher mit hübschen Spazierwegen, deren Seiten mit weitläufigen Mandelbäumen bepflanzt wurden. Da diese Spezies nicht gerade geläufig in diesen Breitengraden ist, hat sie nicht unwesentlich zum Bekanntheitsgrad des Parks beigetragen. Auf der 25 Hektar großen Parkanlage gibt es aber noch mehr zu sehen: Olivenbäume, Mimosen, Petunien, Liguster, Lilien und eine Unmenge an blühenden Blumen und Sträuchern. Im Norden steht das kleine Uhrenhäuschen, wo bis vor wenigen Jahren noch Botanikstunden gegeben wurden. Zwei Wassermühlen gaben dem Parque de los Molinos seinen Namen. Sie stehen in der Nähe von einem kleinen Palast und wurden vor 100 Jahren extra aus den Vereinigten Staaten eingeflogen, um die Wasserversorgung der Obstbäume und Blumen auf dem Grundstück zu gewährleisten.

Ursprünglich gehörte das Areal dem Herzog Torre Arias, der den Park zu Beginn des 20. Jahrhunderts dem alicantinischen Architekten César Cort Botí schenkte. Cort konnte sich mit der Finca einen Traum erfüllen und holte sich ein Stück Heimat nach Madrid: Er errichtete mitten im Park einen riesigen mediterranen Garten, wie man ihn auch an der Costa Blanca kennt. Dank eines Abkommens zwischen der Stadt Madrid und Corts Nachfahren wurde der Park 1982 für die Öffentlichkeit zugänglich gemacht. Erstaunlicherweise ist er nie sonderlich überfüllt.

Adresse Calle de Alcalá 527, San Blas | ÖPNV Metro 5, Haltestelle Suanzes | Öffnungs-
zeiten Mo–So 6.30–22 Uhr | Tipp Nicht weit entfernt, in Richtung Barajas, liegt der
zweitgrößte Park der Stadt, der Parque Ferial Juan Carlos I.

75 Der Pasadizo del Panecillo

Das traurige Ende der Brötchengasse

Nur wenige Meter von der Plaza de la Villa entfernt verläuft eine Gasse, die von den meisten Menschen gar nicht zur Kenntnis genommen wird. Sie ist nämlich durch ein Tor verschlossen, und von Weitem könnte man meinen, es sei der Eingang zu einem Privatgrundstück.

Dabei handelt es sich um den Pasadizo del Panecillo, die sogenannte »Brötchengasse«, die zwischen der Basílica de San Miguel und dem alten erzbischöflichen Palast verläuft.

Ursprünglich hieß die Gasse »Pasadizo de San Justo« in Anlehnung an die Basilika, die sich damals noch »San-Justo-Kirche« nannte. Im 18. Jahrhundert wurde sie in »Brötchengasse« umgetauft, nachdem der damalige Erzbischof Luis Antonio Jaime de Borbón y Farnesio die Tradition eingeführt hatte, alle Bettler, die hier vorbeikamen, mit einem belegten Brot zu versorgen. Luis Antonio war übrigens der sechste Sohn von Felipe V. Zur damaligen Zeit gab es geradezu Unmengen von Menschen, die Hunger litten. Schnell sprach sich die Nachricht des barmherzigen Geistlichen rum, und jeden Tag belagerten mehr Bettler die Kirchentür.

Gleichzeitig lockte die Aktion aber auch Diebe und Kleinkriminelle an. Nachts verwandelte sich die Gasse in ein gefährliches Pflaster. Diebstähle und Schlägereien waren an der Tagesordnung, sodass man sich entschloss, den Zugang zur Gasse zu sperren. Seit 1829 verhindert ein schmiedeeisernes Tor den freien Zutritt. Mit der Austeilung von leckeren Brötchen war es vorbei. Ein ähnliches Schicksal ereilte in der Zeit übrigens auch die benachbarte Calle Pasa, wo sich der Haupteingang zum erzbischöflichen Palast befand. Hier wurde sozusagen der Nachtisch in Form von Rosinen verteilt, daher der Name »pasa« (Rosine).

Heute ist diese Gegend friedlich. Nur hin und wieder verirrt sich ein armer Mensch vor das Tor und bittet die vorbeikommenden Leute um einen Cent. Belegte Brötchen sind definitiv passé.

Adresse Calle Pasa, Austrias   Metro 5, Haltestelle La Latina   Einen feurigen Flamencoabend erlebt man in der Flamencobar »Las Carboneras« in der Calle del Conde de Miranda 1. Infos unter www.tablaolascarboneras.com.

76 Die Pasaje de Matheu

Die Geburt der Terrassen

Eigentlich erinnert nichts mehr an die Ursprünge der kleinen Straße, die Ende des 19. Jahrhunderts den Spitznamen »Klein-Frankreich« hatte. Damals war der Vergleich naheliegend, denn der Financier Matheu hatte die Idee gehabt, 1843 auf dem Grundstück eines ehemaligen Klosters einen kleinen französischen Boulevard zu errichten, wie man sie auch in Paris fand.

Als man 1847 mit dem Bau fertig war, wurde die Straße mit einem Glasdach bedeckt, das von einer Eisenkonstruktion gehalten wurde. Der Eingang zur Passage war mit hübschen Ornamenten verziert worden.

Im Inneren eröffnete man elegante und schicke Geschäfte, die sie zu der luxuriösesten Passage in ganz Europa machten. Neben den Boutiquen gab es auch zwei Cafés, die von zwei Franzosen eröffnet worden waren. Kurioserweise waren beide Cafés politisch komplett gegensätzlich ausgerichtet. Das »Café de Paris« diente als Stammlokal für konservative Gäste, während das »Café de Francia« von den Republikanern besucht wurde. Der ideologische Unterschied war allerdings kein Problem, denn es gab auch Gemeinsamkeiten: In beiden Cafés konnte man sehr gut essen. Und sie waren die ersten Lokale, die an warmen Tagen Tische und Stühle nach draußen stellten. Es ist kaum vorstellbar, aber Ende des 19. Jahrhunderts war dieser Usus absolut verpönt in der Stadt, und die Madrilenen gewöhnten sich nur langsam an die Terrassen. Dennoch kopierten immer mehr Kneipen und Cafés das neuartige Konzept, und sie breiteten sich in ganz Madrid aus.

Im Laufe der Zeit verfiel das Glasdach und verschwand irgendwann ganz. Der einst schicke Boulevard verwandelte sich in eine normale Fußgängerzone, und die Lokale zogen aus. Erst in den 1960er Jahren kam wieder Leben in die Pasaje de Matheu, als sich erneut Restaurants und Bars ansiedelten, die bis heute Touristen und Einheimische mit Tapas und spanischer Küche versorgen.

Adresse Pasaje de Matheu, Sol | ÖPNV Metro 1, 2, 3, Haltestelle Sol | Tipp Die Taverne »Fatigas del Querer« in der Calle de la Cruz 17 lockt in rustikalem Ambiente mit andalusischen Kacheln, typischen Tapas und leckeren Weinen.

77 Der Paseo de la Fama

Der spanische Walk of Fame

Man kennt ihn aus Hollywood, und mittlerweile sind auch die Spanier auf den Geschmack gekommen. Ein Ort für den eigenen Walk of Fame war schnell gefunden: Die Kinomeile Calle Martín de los Héros ist für ihre Filmpaläste der Marke Originalversion mit Untertiteln berühmt und passt deshalb natürlich ideal zur Sternenmeile.

Spanische Filme haben spätestens mit Oscar-Preisträger Pedro Almodóvar Weltruhm erlangt. Seine provokanten Streifen waren Ende der 1980er Jahre selbst für deutsche Kinosäle gewöhnungsbedürftiges Material. Aber er erzählt auch einfühlsame und sehr spanische Geschichten, die nicht nur seine Landsleute berühren. Neben Almodóvar haben auch die Regisseure Carlos Saura (»Carmen«) oder Alejandro Amenábar (»The Others«) ihren eigenen Stern auf dem spanischen Walk of Fame.

Penélope Cruz hat nicht nur in Los Angeles einen Stern, sondern natürlich auch in ihrer Heimatstadt Madrid – ebenso wie ihr Gatte und Oscar-Gewinner Javier Bardem. Auch Antonio Banderas gehört zu den spanischen Stars, die es über die Grenzen des großen Teichs hinaus geschafft haben – mit einem Stern in Hollywood und einem in Madrid. Sternbesitzerin Carmen Maura kennt man vor allem aus dem legendären Streifen »Frauen am Rande des Nervenzusammenbruchs« von Almodóvar. Überhaupt haben so einige aus dessen Filmfabrik den Sprung von Madrid nach Hollywood geschafft und allein schon deshalb einen Stern auf dem Madrider Walk of Fame verdient.

Auch spanische Leinwandstars, die nicht mehr unter uns weilen, wie die Regisseure und Schauspieler Luis Buñuel, Fernando Fernán Gómez oder Paco Rabal, gehören auf die Ehrenmeile.

Die Initiative für den spanischen Walk of Fame lag dem Projekt »Kinostraße« zugrunde und wurde 2011 anlässlich des 25. Jubiläums der spanischen Kinoakademie ins Leben gerufen. 25 Sterne wurden damals für jedes Lebensjahr der Stiftung in die Straße eingelassen.

Adresse Calle Martín de los Héros, Argüelles | ÖPNV Metro 3, 10, Haltestelle Plaza de España; Metro 3, Haltestelle Ventura Rodríguez | Tipp Originalfilme mit Untertiteln sieht man in den Kinos Cine Renoir in Hausnummer 12 und Cines Golem in Hausnummer 14.

78_ Patatas bravas

Die wilden Pommes

Das Äquivalent zum deutschen Kartoffelsalat ist in Spanien die »ensaladilla rusa«. Pommes rot-weiß finden einen ebenbürtigen Partner in Form von »patatas bravas«, den authentischen Pommes frites aus Madrid.

Dabei haben sie herzlich wenig mit deutschen Pommes gemein und sind auch nicht überall in ansprechender Qualität zu genießen. Sie haben nichts Kompliziertes an sich und sind auch sehr preiswert in der Herstellung.

Man schneidet einfach Kartoffeln in Stücke, frittiert sie in heißem Olivenöl und beträufelt sie mit einer scharfen Tomatensoße. Wohlgemerkt, scharf!

Diese simple Tapa scheint mittlerweile in vielen Madrider Bars eine Spezies zu sein, die vom Aussterben bedroht ist. Viele Kneipen und Bars haben nämlich die dumme Angewohnheit, aus der scharfen Soße ein leicht gepfeffertes Tomatensößchen zu machen. Warum?

Der Zusatz »bravas« (wild, scharf) lässt schließlich zweifellos auf eine richtig scharfe Zutat schließen. Aber viele Menschen, und zwar in besonderem Maße die Touristen, die Madrid besuchen, glauben offenbar, dass Spanien kein Land von scharfen Gerichten ist. Serrano-Schinken, Tortilla und Paella sind ja nun auch nicht gerade die Paradebeispiele für pikantes Essen. So hält für den Abklatsch der Originalvariante immer die gleiche faule Ausrede her: Die Gäste würden sich beschweren, wenn die Soße zu scharf ist. Naht also das Ende der traditionellen Pommes? In Madrid, unweit der Puerta del Sol, gibt es das Tapas-Lokal »Las Bravas«. Die pikante Soße ist dort sogar patentiert und auch in der Zweigstelle zu finden, die nur eine Straße weiter liegt.

Hier lebt die scharfe Kartoffel weiter. Wer damit nicht zurechtkommt, kann sich ja alternativ »patatas ali-oli« bestellen, Pommes in Knofi-Soße.

Adresse Las Bravas, Pasaje Matheu 5 und Calle Espoz y Mina 13, Sol | ÖPNV Metro 1, 2, 3, Haltestelle Sol | Öffnungszeiten Mo–So 12.30–16.30 und 19.30–24 Uhr | Tipp »La Trucha« in der Calle de Manuel Fernández y González 3 ist eine der besten Tapasbars der Stadt. Hier gibt es authentische Tapas und ein super Ambiente, auch wenn man manchmal aus Platzmangel mit einem Platz an der Theke im Stehen vorliebnehmen muss.

79 Die Posadas in der Calle Cava Baja

Essen, Schlafen, Feilschen

Ein warmes Bett und etwas zu essen. Mehr brauchten die Reisenden für den Anfang nicht, wenn sie zwischen dem 15. und 19. Jahrhundert in die Stadt kamen, um ein besseres Leben zu finden. Ihr Bett fanden sie in der Calle Cava Baja, der Straße der historischen Posadas von Madrid. Hier reihte sich eine Pension an die andere: Las Animas, Vulcano, Pavo Real, San Pedro, León de Oro und Soledad.

Die Cava Baja war der Hauptumschlagplatz für Reisende aus ganz Spanien. Sie kamen aus Extremadura, Ávila, Segovia, Toledo oder Salamanca: Bauern und Händler, die in Madrid neue Geschäfte suchten. In den Posadas wurde der Preis für Weizen und Wein ausgehandelt. Nicht selten wechselten hier auch die Pferde ihre Besitzer. Da sich alles in der Cava Baja konzentrierte, entstand schon bald eine Art »Bahnhof«. Die Haltestelle lag an der Posada del Dragón.

Heute erinnern nur noch wenige Lokale an die alten Posadas. Zu den beliebtesten gehört die Posada de la Villa, die ein Restaurant beherbergt. El León de Oro und die Posada del Dragón sind mittlerweile zu schicken Boutique-Hotels umgebaut worden. Hinter ihren Mauern finden sich noch ganz besondere Schätze. So ist die Posada del Dragón aus dem Jahr 1868 im Stil eines typischen Mietshauses (Corrala) erbaut. Während der Renovierungsarbeiten fand man hier einen Teil der alten christlichen Mauer, die entlang der Cava Baja verlief, und setzte sie mittels eines Glasbodens in Szene.

Aus der einzigen Mehlmühle der Stadt wurde 1642 die Posada de la Villa, die als Erste ihrer Art direkt dem Königshof unterstand. 1980 rettete der Hotelier Félix Colomo die Ruine vor dem Abriss und ließ sie zwei Jahre lang zu einem der besten Restaurants der Stadt umbauen. Übrigens bestellen hier fast alle Gäste immer das Gleiche: vorweg eine Knoblauchsuppe und als Hauptspeise gegrilltes Lamm aus dem Holzkohleofen. Wie vor 150 Jahren.

Adresse Calle Cava Baja 9 (Posada de la Villa), 14 (Posada del Dragón) und 12 (León de Oro), La Latina   Metro 5, Haltestelle La Latina   Die Cava Baja ist eine der längsten Theken Madrids. In fast jedem Haus gibt es im Erdgeschoss eine Taverne oder Bar. Ab Donnerstagabend herrscht Überfüllungsgefahr, und man steht nicht selten im Fußgängerstau. Einfach treiben lassen …

80 Die Real Iglesia de San Ginés

Ein Krokodil, ein Kopf und eine Jungfrau

Das genaue Baudatum der uralten Kirche in der Calle Arenal 13 kennt man nicht, aber wahrscheinlich wurde sie ursprünglich von den Mauren als Mezquita errichtet. Sicher ist, dass sie seit einem Vorfall im Jahr 1353 zu den mysteriösesten Gotteshäusern der Stadt gehört. In jenem Jahr wurde ein alter Mann beim Beten von Dieben überrascht, die ihm kurzerhand den Kopf abschlugen. Man fand den leblosen Körper, aber nicht den Kopf. Kurze Zeit später zeigte sich Nacht für Nacht eine kopflose Gestalt an der Kirchentür. Die Menschen vermuteten, dass es sich um den Geist des Greises handelte, der auf seine Mörder wartete. Erst als man den Kopf hinter der Kapelle fand, hörten die Erscheinungen auf.

Und auch ein Krokodil spielte eine wichtige Rolle in der Iglesia de San Ginés. Eines Tages fanden die Gläubigen zu ihrer großen Überraschung das Tier vor den Füßen der heiligen Virgen de los Remedios. Das »Geschenk« stammte von Alonso de Montalbán, dem Beauftragten der katholischen Könige in Amerika. Ihm lauerte auf einer seiner Reisen ein Krokodil auf, das ihn offenbar als Mittagessen vorgesehen hatte. Wie durch ein Wunder konnte er sich aus dessen Klauen befreien, weil in letzter Minute ein großer Felsblock auf das Tier fiel. Unter dem zerbrochenen Fels kam das Bild einer Jungfrau zum Vorschein. Montalbán nahm das Bild und das tote Tier mit nach Spanien, ließ das Krokodil ausstopfen und stellte beide als Zeichen seiner Dankbarkeit in die Iglesia de San Ginés.

Nicht nur die vielen Sagen und Legenden, die sich rund um die Kirche ranken, machen sie so interessant. Der geschichtsträchtige Ort wurde auch von vielen wichtigen Persönlichkeiten aus der Öffentlichkeit besucht. Hier wurde zum Beispiel der Dichter Lope de Vega getauft. Der Schriftsteller Francisco de Quevedo hatte in der Kirche geheiratet. Und San Ginés war die Lieblingskirche von Königin Isabel II., die es nicht weit vom Königspalast hatte und deshalb regelmäßig vorbeischaute.

Adresse Calle Arenal 13, Sol | ÖPNV Metro 1, 2, 3, Haltestelle Sol | Öffnungszeiten
Mo−So 8.45−13 und 18−21 Uhr | Tipp Religiöse Objekte und Kunstgegenstände gibt es
in »Palomeque« in der Calle Arenal 17. Auch Onlineshopping ist möglich unter
www.palomequearte.com.

81 Das Reina-Sofía-Museum

Wenn die Seele keine Ruhe findet

Anfang der 1990er Jahre haben gleich zwei Gebäude die Medien auf Trab gehalten. Neben dem Palacio de Linares (siehe Seite 146) soll es damals auch im Reina-Sofía-Museum gehörig gespukt haben.

Bereits seit dem 16. Jahrhundert stand an der Stelle, wo heute das wichtigste Zentrum für zeitgenössische Kunst Spaniens zu finden ist, ein Krankenhaus, das später durch ein größeres Klinikum ersetzt wurde. Seit dem 19. Jahrhundert wurde es Zeuge sämtlicher Epidemien und Seuchen, die Madrid heimsuchten. In Stoßzeiten erinnerte es eher an ein Leichenschauhaus als an ein Krankenhaus. Während des Spanischen Bürgerkriegs wurde es zum Schauplatz grausamer Torturen, die vor allem an Geistlichen vorgenommen wurden. 15 Jahre nach seiner Schließung begannen 1980 die Umbauten zum Museum. Während der Bauarbeiten kamen menschliche Überreste zum Vorschein, unter anderem drei mumifizierte Nonnen, die ermordet worden sind und der Legende nach bis heute im Eingangsbereich des Museums begraben liegen.

Wenn es stimmt, dass die Gebäude von der Seele der Menschen, die in ihnen gelebt haben, geprägt werden, kann man sich lebhaft vorstellen, dass im Reina-Sofía-Museum eine ganze Heerschar an untröstlichen Gespenstern unterwegs gewesen sein muss. In den 1990er Jahren kam es prompt zu mysteriösen Vorfällen. Ganze Hallen wurden mitten in der Nacht wie von Geisterhand erleuchtet, und Aufzüge setzten sich von selbst in Bewegung. Besondere Kopfschmerzen bereitete dem Sicherheitspersonal eine nächtliche Erscheinung im schwarzen Umhang, die durch die Gänge huschte. Die Phänomene sorgten bald für ein gigantisches Medienspektakel und nahmen solche Ausmaße an, dass viele Angestellte sogar kündigten.

Die Aufregung um vermeintliche Nonnen, die nachts zwischen den Werken von Dalí und Picasso geistern, hat sich mittlerweile wieder beruhigt. Es konnte allerdings nie geklärt werden, warum es zu den Vorfällen kam.

Adresse Calle de Santa Isabel 52, Embajadores | ÖPNV Metro 1, Haltestelle Atocha und
Atocha Renfe | Öffnungszeiten Mo–Sa 10–21 Uhr, So 10–19 Uhr, Di geschlossen |
Tipp Das Reina-Sofía-Museum hat zwei Zweigstellen im Retiro-Park: der Palacio de
Cristal und der Palacio de Velázquez.

82 Die Reiterstatue an der Plaza Mayor

Vogelmord

Eigentlich sollte man davon ausgehen, dass alle Pferde Pflanzenfresser sind. Alle, außer dem Pferd auf der Plaza Mayor, auf dem Felipe III. thront. Die Reiterstatue wurde im 17. Jahrhundert angefertigt und 1848 auf Geheiß von Königin Isabel II. aufgestellt.

Der Platz war jahrhundertelang das Zentrum im Leben der Madrilenen und hatte bis dahin schon viele Gräueltaten miterlebt. Hier fanden Hinrichtungen und Hexenverbrennungen im Rahmen der Spanischen Inquisition und später blutige Stierkämpfe statt, die von den umliegenden Balkonen von der neugierigen Menschenmasse verfolgt wurden. Dass auch das Pferd von Felipe III. zahlreiche Morde auf dem Gewissen hat, ahnte lange Zeit jedoch niemand.

Jahrzehntelang »ernährte« sich die Statue von Sperlingen, Spatzen und anderen kleinen Vögeln, die der naheliegenden Überzeugung waren, im Inneren der Statue Schutz vor Kälte und Nistmöglichkeiten zu finden und in das offene Pferdemaul flogen. Anstelle von Behaglichkeit fanden sie allerdings einen langsamen und qualvollen Tod. Einmal gefangen in den Tiefen der Reiterstatue, gab es keinen Weg mehr nach draußen. Niemand wusste von dem Schicksal der kleinen Vögel. Erst 1931, kurz nach Ausruf der Zweiten Republik, kam eine Horde von Rüpeln vorbei, die im Rausch der neu angebrochenen Zeiten die Statue kurzerhand in Stücke zerschlugen. Zum Vorschein kam ein wahrer Vogelfriedhof. Vor den erstaunten Augen der anwesenden Leute flogen Hunderte von Federn und winzigen skelettierten Vögeln durch die Luft, wie ein letztes Aufbäumen der Vogelschar, nachdem das Pferd gefallen war. Nach dem Spanischen Bürgerkrieg wurde die Reiterstatue von Felipe III. restauriert. Dabei achtete man darauf, dass das Pferdemaul versiegelt wurde, um weitere traurige Vogelschicksale zu vermeiden. Seitdem herrscht Frieden an der Plaza Mayor.

Adresse Plaza Mayor, Sol | ÖPNV Metro 1, 2, 3, Haltestelle Sol | Tipp Apropos Vögel:
Im Park Casa de Campo gibt es eine »Klinik« für Störche, wo die Tiere in Ruhe nisten
können und im Bedarfsfall wieder aufgepäppelt werden.

83 — Die Reiterstatue von Felipe IV.

Der Physik ein Schnippchen schlagen

So wie sein Vater Felipe III. sein eigenes Reiterdenkmal an der Plaza Mayor hatte, wollte sich auch Felipe IV. standesgemäß ein Denkmal hoch zu Ross setzen. Hierzu wählte er eine weltweit einzigartige Pose, die zum damaligen Zeitpunkt gewisse technische Schwierigkeiten mit sich brachte. Er wollte auf einem steigenden Pferd abgebildet werden, das sich lediglich auf seinen Hinterläufen aufrichtet. Eine Skulptur in dieser Körperposition bereitete dem italienischen Bildhauer Pietro Tacca, der 1632 mit der Aufgabe betraut war, schlaflose Nächte. Die Gewichte des Monuments mussten so ausgelegt werden, dass der vordere Teil des Pferdes nicht abbrach.

Tacca wandte sich zunächst an den Maler Diego Velázquez, der ihm zwei Porträts des Königs nach Italien schickte, die ihm als Referenz dienen sollten. Das Dilemma mit dem steigenden Pferd war damit aber nicht gelöst. Schließlich kontaktierte Tacca die einzige Person, die zu jener Zeit in der Lage war, das physikalische Problem zu knacken – Galileo Galilei würde es schon richten. Der Physiker hatte den perfekten Plan. Der vordere Teil des Pferdes musste hohl bleiben, während dessen Hinterteil massiv gestaltet wurde, um ein entsprechendes Gegengewicht zu bilden. Wenn man genau hinschaut, erkennt man, dass sich das Pferd dezent auf seinen Schweif stützt. Mit dieser simplen Formel erreichte Tacca das zuvor Undenkbare – die weltweit erste Skulptur eines steigenden Pferdes.

Angesichts der revolutionären Technik ist es fast schon eine Schande, dass die Statue von den meisten Spaziergängern kaum zur Kenntnis genommen wird. Tatsache ist, dass sie bis heute zu den drei besten Reiterstatuen der Welt gehört.

Man benötigte 14 Ochsen, um das Meisterwerk zu bewegen. Zunächst stand es im Retiro-Park und wechselte noch zwei Mal seinen Standort, bis es 1843 seinen heutigen Platz fand.

Adresse Plaza de Oriente, Austrias | ÖPNV Metro 2, 5, Haltestelle Ópera | Tipp In der
80er-Jahre-Kneipe »Tabata« in der Calle Vergara 12 fühlt man sich wie auf einer coolen
Fete.

84_ Restaurant Lhardy

Bahnbrechend für seine Zeit

Ursprünglich war das Lhardy eine Patisserie, die mit der Zeit auch Gerichte in ihr Angebot aufnahm. Für die damalige Zeit regelrecht revolutionär, führte das 1839 eröffnete Restaurant die ersten Tagesmenüs mit Festpreis ein, eine preiswerte Alternative zur herkömmlichen Menükarte. Es war stiller Zeuge vieler geschichtsträchtiger Ereignisse. Hier wurden bedeutende politische Entscheidungen getroffen, neue Dynastien einberufen, Diktaturen eingeläutet und auch die Stürze diverser Könige beschlossen. Feste Preise, handschriftlich aufgenommene Bestellungen und getrennte Tische bildeten die Grundlage für den Erfolg des französischen Gründers, Emilio Huguenin Lhardy, in dessen Heimatland das Konzept schon 50 Jahre vorher umgesetzt worden war. Nach der Französischen Revolution hatten Köche und Kellner umdenken und sich auf die Bourgeoisie neu einstellen müssen. Lhardy schaffte es, dass Königin Isabel II. nicht selten aus ihrem Palast ausbrach und mit ihren Hofdamen im Lhardy dinierte. Ebenso wie Alfonso XII., der mehrfach inkognito erschien und den Ausruf »Ich sah den König, ich war im Lhardy!« populär machte.

1885 führte das Restaurant das Telefon ein, als Madrid erst über 49 Telefonanschlüsse verfügte. Ab sofort waren Tischreservierungen und Lieferungen nach Hause möglich. Lhardy wurde gerufen, um das erste staatliche spanische Hotel der Parador Nacional-Kette zu eröffnen: Gredos wurde damals zwei Jahre lang von Köchen und Kellnern aus dem Restaurant Lhardy bedient. Das Madrider Lokal war so fortschrittlich, dass hier sogar die ersten Frauen allein auswärts essen gehen konnten. 1916 wurde Mata Hari wegen Spionageverdachts im Hotel Palace festgenommen, nachdem sie allein im Lhardy gespeist hatte.

Heute besteht das Lhardy aus einem Geschäft im Untergeschoss und dem Restaurant. Seit 1885 kann man sich an dem im Laden aufgestellten Samowar mit der berühmten Bouillon selbst bedienen.

Adresse Carrera de San Jerónimo 8, Sol | ÖPNV Metro 1, 2, 3, Haltestelle Sol | Öff-
nungszeiten Mo–So 8–23 Uhr | Tipp Erstklassige kreative Küche bietet das Restaurant
im obersten Stockwerk des Shoppingriesen El Corte Inglés an der Plaza Callao. Gratis
dazu gibt es den unvergleichlichen Blick von der Dachterrasse auf die Gran Vía und das
Zentrum von Madrid.

85 _ Die Saint George's Church
Offen für alle

Der Bekanntheitsgrad von Madrider Kirchen, die sich nicht der katholischen Religion verschrieben haben, hält sich in Grenzen. Ähnlich wie die Friedenskirche der deutschen lutherischen Gemeinde (siehe Seite 72) ist auch die anglikanische Saint George's Church ein geradezu unbekanntes Gotteshaus. Dabei steht sie mitten im Salamanca-Viertel und gilt als eines der historisch wertvollsten Gebäude der Stadt.

Der Architekt Teodoro de Anasagasti war 1924 für den Entwurf und den Bau der Kirche verantwortlich und sorgte für einen spannenden Stilmix an architektonischen Elementen, der für die damalige Zeit einzigartig war. Neben dem romanischen, byzantinischen und Mudéjar-Stil bediente er sich auch einiger typischer Elemente der anglikanischen Kirchen und verlieh ihr ein traditionelles und fast schon exotisches Aussehen.

Das Innenleben strahlt ein schlichtes, sehr angenehmes Ambiente aus. Die bunten Fenster werfen ein warmes Licht in den Raum und zeigen verschiedene Persönlichkeiten wie den heiligen Georg, den englischen Schutzpatron, neben seinem spanischen Pendant Jakobus dem Großen. Es ist ganz offensichtlich, dass die Abbildung der Heiligen eine Verbindung beider Länder und beider Religionen aufzeigen soll. Eine Art Friedensbekundung zwischen der anglikanischen und katholischen Kirche, die so viele Jahre lang auf Konfrontationskurs lagen.

Die Messen werden in englischer Sprache gehalten. Manchmal finden sich bis zu 20 Nationen zum Gottesdienst zusammen. Die Saint George's Church ist offen für alle, die nicht der katholischen Kirche angehören, und kann schon fast als ökumenische oder multikulturelle Kirche bezeichnet werden. Stolz ist man übrigens auch auf die kleine spanische Gemeinde, die sich in den letzten Jahren hier eingefunden hat, um sich von der modernisierten Form des Christentums inspirieren zu lassen.

Adresse Calle de Núñez de Balboa 43, Ecke Hermosilla, Goya-Salamanca | ÖPNV Metro 2, 4, Haltestelle Goya; Metro 4, Haltestelle Velázquez | Tipp Der englische Friedhof in Carabanchel (siehe Seite 60). Alle Christen und Glaubensgemeinschaften, die nicht der katholischen Kirche angehörten, fanden hier ihre letzte Ruhe, die ihnen auf einem katholischen Friedhof versagt war.

86__Die Sankt-Antonius-Kirche

Ein Segen für die Haustiere

Wer am 17. Januar an der Sankt-Antonius-Kirche in Chueca vorbeiläuft, wundert sich wahrscheinlich über den Massenansturm von Menschen in Begleitung ihrer Haustiere. Hunde, Katzen und Kaninchen, selbst Fische, Schildkröten und manchmal auch ein Pferd stehen geduldig in der Schlange vor dem Kircheneingang, um sich vom Pfarrer den heiligen Segen abzuholen. Die Tradition wird zu Ehren des heiligen Antonius gefeiert, der als Schutzpatron der Tiere in die Geschichte eingegangen ist. Antonius der Große wurde im 3. Jahrhundert nach Christus im heutigen Ägypten geboren. In jungen Jahren verkaufte er seine kompletten Besitztümer und begab sich auf eine lange Reise. Unterwegs traf er eine Wildschweinmutter mit ihren erblindeten Frischlingen. Anton sorgte dafür, dass die Kleinen ihr Augenlicht wiedererlangten, und fortan wich die Sau nicht mehr von seiner Seite. Viele kranke Tiere wurden seitdem vom frommen Antonius geheilt, und die Christen sprachen ihn später heilig.

Stellvertretend für den Heiligen segnet heutzutage der Pfarrer die Haustiere und spricht sie frei von jeglichem körperlichen Leid. Die Besitzer erhalten anschließend ein »Leckerchen« in Form von einem Stück süßen Brots, das aber nicht zum Verzehr gedacht ist. Laut Tradition muss das Brot neben einer Münze im Schrank aufbewahrt werden, damit der Segen nicht an Wirksamkeit verliert. Zum Abschluss spazieren Frauchen und Herrchen samt vierbeinigem Anhang in trauter Eintracht durch das Viertel, begleitet von Tieren aus dem Madrider Zoo, Polizisten hoch zu Ross, Brieftauben der spanischen Armee und Rettungshunden der Feuerwehr.

Übrigens wurde die Tradition in den Jahren 1619 bis 1725 verboten und unter der Herrschaft von Fernando VII. wieder eingeführt. Die Zweite Republik sprach sich erneut für ein Verbot aus, das 1943 wieder aufgehoben wurde. Auch unter Franco kam 1967 das Aus für die Seligsprechung. Seit 1985 können sich die Haustiere von Madrid aber wieder ihren Segen abholen. Gott sei Dank.

Adresse Calle Hortaleza 63, Chueca | ÖPNV Metro 4, 5, 10, Haltestelle Alonso Martínez;
Metro 5, Haltestelle Chueca | Tipp Ein absolutes Muss ist ein Wermut mit Schuss in der
Kult-Taverne »Ángel Sierra« an der Plaza Chueca. Zum Beispiel sonntagmittags vor dem
Essen oder als Auftakt zu einer Kneipentour.

87 Die schwarze Jungfrau in der Almudena-Kathedrale

In der Mauer gefangen

Eigentlich ist sie nur eine Kopie, denn das Original verbrannte bei einem Feuer in der Iglesia Santa María während der Herrschaft von Felipe II. Aber auch diese Figur der schwarzen Jungfrau hat ein recht stolzes Alter, denn sie stammt aus dem letzten Drittel des 16. Jahrhunderts. Die Köpfe der Maria und des Kindes sowie ihre Hände könnten sogar noch älter sein. Bereits im Jahr 38 nach Christus hatte der Apostel Santiago die Figur nach Spanien gebracht. Viele Jahre später versteckten sie die Christen vor den Muselmanen, die 712 die damals noch kleine Stadt belagerten. Man mauerte sie einfach in ein Loch in der Zitadelle, la Almudena, und kümmerte sich nicht weiter. Im Laufe der Zeit vergaß man das Versteck, bis die schwarze Jungfrau eines Tages El Cid im Traum erschien und ihn bat, die Stadt zurückzuerobern. So kam es, dass der kastilische Ritter 1085 mit seinen Truppen Madrid erreichte und die Araber vertrieb. Nach der Befreiung bröselte ein Stück Mauer aus der Zitadelle und legte die Figur frei.

König Alfonso VI. ordnete später an, die Marienstatue in der Iglesia Santa María de la Almudena aufzustellen, der ehemaligen Moschee. Dort lag sie zwischen dem 12. und dem 14. Jahrhundert, bis ein Brand die Kirche und unglücklicherweise auch die Holzfigur in Schutt und Asche legte.

Übrigens hätte die arme Jungfrau gar nicht 373 Jahre in ihrem dunklen Versteck ausharren müssen. Während ihrer Herrschaft hatten die Araber den Kult um Maria stets respektiert, denn auch sie beteten die Muttergottes an, allerdings in der Figur der Fatima, der fünften Tochter des Propheten Mohammed.

Die Kopie der schwarzen Jungfrau sieht man heute in der Almudena-Kathedrale, die seit Baubeginn Ende des 19. Jahrhunderts immer wieder mit Baustopps Schlagzeilen gemacht hatte und erst 1993 von Papst Johannes Paul II. geweiht worden ist.

Adresse Santa María la Real de la Almudena, Calle Bailén 8–10, Austrias | ÖPNV Metro 2, 5, Haltestelle Ópera | Tipp Vor der Hochzeit von Prinz Felipe und Letizia verschönerte der Künstler Kiko Argüello einen der Seitenflügel mit modernen Fensterbildern, denen man unweigerlich ansieht, dass er ein Schüler Picassos war.

88 Das Simeón-Gebäude
Vom Kaufhaus zum Luxushotel

Im 19. Jahrhundert stand hier der Palast der Grafen Montijo y de Teba, deren beide Töchter es weit bringen sollten. Aus Francisca wurde später die Herzogin von Alba; Eugenia de Montijo heiratete Napoleon III. und wurde somit die Kaiserin von Frankreich. Rund 110 Jahre nach seiner Erbauung 1810 riss man den Palast an der Plaza Santa Ana wieder ab und setzte ein neues Gebäude an die Stelle, das zunächst das Kaufhaus Simeón und dann das Hotel Reina Victoria beherbergte.

Auch wenn das Simeón-Gebäude nicht als Palast konzipiert war, hatte es doch ein stattliches Aussehen und gilt als eines der schönsten modernistischen Häuser der Stadt.

Das Hotel Reina Victoria wurde nach der Gattin von König Alfonso XIII. benannt und war Teil einer neuen Reihe von Hotels, die in erster Linie an wichtigen Persönlichkeiten und den Promis der damaligen Zeit interessiert waren. Während der Zweiten Republik hieß das Hotel übrigens schlicht und einfach »Victoria«. Besonders beliebt war es bei den spanischen Stierkämpfern. Matadores wie Manolete, der immer Zimmer 220 verlangte, El Viti, Antoñete und Joselito zählten zu den Stammgästen. Und auch andere Größen aus dem Showbiz gingen im Reina Victoria ein und aus. Luis Miguel Domínguín soll hier mit Ava Gardner eine leidenschaftliche Affäre gehabt haben.

Seit den 1990er Jahren kamen keine Stierkämpfer mehr, dafür aber spanische Musiker wie Loquillo y los Trogloditas oder Luz Casal. Übrigens drehte Filmregisseur Pedro Almodóvar nicht nur zahlreiche Szenen aus dem Film »High Heels« im benachbarten Flamencoklub Villa Rosa, sondern auch einige Sequenzen aus »Sprich mit ihr« in der Hotelbar des Reina Victoria.

Heute beherbergt das Simeón-Gebäude die Luxushotelmarke ME by Melià und lockt nicht weniger Promis an, die sich besonders gern in der Chill-out-Lounge auf der Dachterrasse blicken lassen.

Adresse Plaza Santa Ana 14, Huertas | ÖPNV Metro 1, 2, 3, Haltestelle Sol; Metro 2, Haltestelle Sevilla | Tipp Feiern Sie in der legendären Flamencokneipe »Villa Rosa«, in der auch Szenen aus Pedro Almodóvars Film »High Heels – Tacones Lejanos« gedreht wurden. Kultcharakter im Madrider Nachtleben hat auch das nahe gelegene »Viva Madrid« in der Calle de Manuel Fernández y González 7.

89 Die Skulptur auf dem Metropolis-Gebäude

Ein Phönix in Rente

Anfang des 20. Jahrhunderts wollte man der Stadt ein modernes Antlitz geben und wählte als Vorbild die Stadt New York mit ihren prachtvollen Wolkenkratzern. Mit dem Plan, das edle Salamanca-Viertel mit dem gutbürgerlichen Argüelles zu verbinden, war die Idee zur Gran Vía geboren. Seit 1911 begrüßt uns an der Ecke Gran Vía / Calle Alcalá das emblematische Metropolis-Gebäude, das den Auftakt zu der Allee bildet, die heute von Musical-Theatern, Kinos und internationalen Modeketten beherrscht wird. Ursprünglich gehörte das Gebäude der Versicherungsgesellschaft La Unión y el Fénix, und auf der Kuppel war ein stolzer Phönix aus Bronze aufgestellt. Das Wahrzeichen der Versicherung kann man auch auf anderen Gebäuden sehen, unter anderem an der Gran Vía. Heute ziert die Spitze des Metropolis-Gebäudes allerdings eine Siegesgöttin mit ausgebreiteten Flügeln, die in den 1970er Jahren angebracht wurde, als die Besitzer wechselten.

Der fast schon vergessene Phönix war in seinen besseren Tagen stummer Zeuge der Madrider Geschichte geworden. Er sah Pferdekutschen und die Madrider Straßenbahn und hat sogar die Bombenanschläge von Francos Luftwaffe während des Spanischen Bürgerkriegs überlebt. Zweifellos wäre er kein Phönix, wenn er nicht noch irgendwo in Madrid zu sehen wäre. So ein Vogel lässt sich bekanntermaßen nicht so schnell unterkriegen. Er verweilt gar nicht weit entfernt von seinem ursprünglichen Standort in einem anderen Gebäude der Versicherungsgesellschaft am Paseo de la Castellana. Dort muss der arme Vogel allerdings auf seinen gewohnten Ausblick auf die Dächer von Madrid verzichten, denn er steht in einem kleinen Garten, umgeben von dichtem Buschwerk und Bäumen. Zugegeben, sein aktueller Standpunkt ist seines Standes nicht wert, aber wer weiß, ob er nicht eines Tages wieder aus der Asche aufersteht.

Adresse Calle de Alcalá 39, Sol | ÖPNV Metro 2, Haltestelle Banco de España und Sevilla | Tipp Haben Sie Lust auf ein frisches Salatbüfett mit knackigen Boys und umwerfenden Dragqueens? Das legendäre »Gula Gula« hat eine super Show in der Gran Vía 1.

90__Die Stadtforellen

Fischzucht für angehende Förster

Was haben Förster mit Fischen zu schaffen? Diese Frage stellt man sich zwangsläufig, wenn man auf die Fischzucht an der Fakultät für Forstwirtschaft trifft. Sie liegt in einem wunderschönen Baumgarten, in dem die Studenten ihre praktischen Arbeiten durchführen. Dabei ist der Aufgabenbereich der spanischen Förster bereits seit Jahrzehnten eng mit der Aquakultur verbunden. Viele Flüsse in den Bergen von Madrid mussten im Laufe der Zeit wiederbevölkert werden. Die hierzu erforderlichen Fischzuchtbecken wurden meist in flussnahen und bewaldeten Gebieten aufgestellt, sodass logischerweise der Förster mit allen Aufgaben rund um die Aquakultur beschäftigt war.

Die Fischzucht an der Polytechnischen Universität ist für jedermann frei zugänglich und dient nicht nur den Studenten als praxisnahes Anschauungswerk, sondern auch zu Forschungszwecken. Hier findet man zwar verschiedene einheimische Exemplare, aber der Star unter den Bewohnern im Fischbecken ist die Forelle. Normalerweise lebt sie in den Flüssen der Region, ist mittlerweile jedoch vom Aussterben bedroht und wird deshalb von den angehenden Förstern wieder aufgepäppelt. Hierzu bringt man wilde Forellen nach Madrid, die nach dem Laichen wieder zurück in ihr natürliches Umfeld kommen. Es handelt sich um sehr delikate Fische, die sich mit der Fortpflanzung in Gefangenschaft etwas schwertun. Deshalb versuchen die Forscher, ihre natürlichen Lebensbedingungen so exakt wie möglich nachzustellen. Da die Forellen aus den Bergen kommen, benötigen sie absolut hochwertiges Wasser, um zu überleben.

Die Becken sind ausschließlich für Forschungs- und Studienzwecke errichtet worden, es findet keine industrielle Massenproduktion für den Kochtopf statt. Von den hier geborenen Forellen wird ein Teil für die Fortpflanzung genutzt. Den Rest setzt man in Fischgründen in der Region Madrid aus, an denen Angeln streng verboten ist.

Adresse Universidad Politécnica de Madrid, Calle de las Moreras, Ciudad Universitaria |
ÖPNV Metro 6, Haltestelle Ciudad Universitaria | Tipp Mit einem Studentenausweis
kann man die Sportanlagen der Universität Complutense benutzen, zum Beispiel das
phantastische Schwimmbad in Nuestra Señora de la Almudena am Camino de las Moreras.

91 Die Statuen an der Plaza de Oriente

Im Reich der Könige

Das Dach des Königspalastes sollte ursprünglich mit 108 lebensgroßen Königsstatuen dekoriert werden, die in die Geschichte der spanischen Monarchie eingegangen waren. Darunter befanden sich Monarchen aus Amerika, Portugal, Aragonien, Galicien, Kastilien und natürlich auch die spanischen Könige.

Letztendlich kam das Schloss allerdings nicht in das Vergnügen der erlauchten Gesellschaft und musste damit vorliebnehmen, dass nur ein Teil der Monarchen vor dem Palast an der Plaza de Oriente aufgestellt wurde. Für das Scheitern des Plans gab es zwei triftige Gründe. Der erste beruht auf der rein logischen Überlegung, dass die schweren Skulpturen die Struktur des Gebäudes und das Dach beschädigen könnten. Aber auch Königin Isabel de Farnesio hatte ein Wörtchen mitzureden. Die zweite Gattin von Felipe V. und Mutter von Carlos III. war eine furchtbar abergläubische Person und ein bisschen paranoid. Sie träumte wiederholt von einem Erdbeben, das Madrid heimsuchen und die Statuen vom Dach des Palastes auf sie herabstürzen lassen würde. Für sie war der Traum eine schreckliche Vorahnung, die das Ende der Monarchie andeutete. Deshalb bat sie ihren Sohn, die Skulpturen an einen sicheren Ort zu bringen.

Die Werke endeten zunächst in einem Kellerverlies in der Nähe des Königspalastes, wo sie Isabels Meinung nach keinen Schaden anrichten konnten. Jahre später entließ man die unglückseligen Statuen aus ihrem dunklen Gefängnis und verteilte sie in der ganzen Stadt und im übrigen Land. Viele von ihnen hatten keinen langen Weg und blieben in den Sabatini-Gärten neben dem Palast und an der Plaza de Oriente, wo heute fünf westgotische und 15 Monarchen aus den ersten christlichen Königreichen der Reconquista zu sehen sind. Die Anwohner versichern übrigens, dass sie nachts von ihren Sockeln herunterspringen und Fußball spielen.

Adresse Plaza de Oriente, Austria | ÖPNV Metro 2, 5, Haltestelle Ópera | Tipp Trinken
Sie einen Kaffee und genießen Sie das entspannte Ambiente im legendären »Café de la
Ópera« in der Calle Arrieta 6 gegenüber der Madrider Oper.

92 Die Sumpfzypresse
400 Jahre Überlebenswillen

Ihre langen Zweige hängen schwer herab und erinnern auf den ersten Blick an eine riesige Trauerweide. In Wirklichkeit handelt es sich um eine Sumpfzypresse, die man normalerweise in Mexiko oder in den USA antrifft. Der Baum hatte mittlerweile fast 400 Jahre Zeit, sich an die spanischen Gegebenheiten anzupassen, und scheint im Retiro-Park gut aufgehoben zu sein. Während er in seinen Heimatländern das ganze Jahr über seine Blätterpracht trägt, hat er sich an das Madrider Klima gewöhnt. Im Herbst verwandelt sich sein Grün in ein leuchtendes Rot, bevor er sich seiner Blätter bis zum nächsten Frühling entledigt.

Niemand weiß genau, wie diese Zypressenart in die Stadt gelangt ist. Man sagt, Kolumbus hätte sie von seinen Reisen mitgebracht. Andere wiederum tippen auf den spanischen Eroberer Cabeza de Vaca, der nach einer exotischen Reise den Baum nach Madrid geschafft hatte. Eine Legende berichtet, dass er der Ableger eines Baumes sei, an dem Hernán Cortés eine verlorene Schlacht beweint habe. Daher auch sein trauriges Aussehen.

Die Franzosen haben die Sumpfzypresse während ihrer Belagerung für eigene Zwecke entdeckt. In ihren Zweigen konnte man sich prima verstecken und geschickt Kanonen platzieren, um die Stadt zu beschießen. Zu jener Zeit hatte man aus dem Retiro-Park ein richtiges Schlachtfeld gemacht und Hunderte Bäume gefällt, Gräben gezogen und sogar Monumente der ehemaligen königlichen Gartenanlage zerstört. Die Sumpfzypresse hatte das Glück, von einem verfrühten Tod verschont zu bleiben.

Ihr hohes Alter lockte auch Hexer und Sekten an, die hier die Dämonen beschwört haben. In den 1990er Jahren fand man oft Feuerspuren und kleine runde Steine vor dem Baum, die für den Kult in verschiedenen Formen angelegt waren. Schließlich zäunte die Stadtverwaltung den alten Riesen ein, um ihn vor weiteren nächtlichen Ritualen zu schützen.

Adresse Jardínes del Buen Retiro, Jerónimos | ÖPNV Metro 2, Haltestelle Retiro; Metro 9, Haltestelle Ibiza, je nach Eingang | Öffnungszeiten Sommer 6–24 Uhr; Winter 6–22 Uhr | Tipp Botanikfans nehmen gleich auch noch den Real Jardín Botánico mit. Der Eingang liegt auf der Höhe vom Atocha-Bahnhof am Paseo del Prado.

93__Die Symbole der Puerta del Sol

Luzifer und die zwölf Weintrauben

Ursprünglich wurde der Name der Puerta del Sol durch eine Sonne verkörpert, die sich an einem Toreingang aus dem 15. Jahrhundert befand. Später ersetzte man die Symbolik durch die Uhr am Turm des Posthauses, des ältesten Gebäudes am Platz. In der Silvesternacht richtet ganz Spanien den Blick auf diese Uhr. Das Ticken der Zeiger wird sogar live im Fernsehen auf den wichtigsten Kanälen des Landes übertragen. In den Sekunden vor Mitternacht nehmen die Menschen parallel zu den Gongschlägen zwölf Weintrauben ein, die das neue Jahr einleiten. Aber nur wenige wissen, dass die Schläge auch mit Luzifer in Verbindung gebracht werden können.

Am 2. November 1812 wurde die Uhr nämlich unfreiwillig in eine mysteriöse Geschichte verwickelt. Madrid war von den Truppen Napoleons besetzt. An jenem Tag floh ein französischer Kapitän mit seinen Soldaten in den Uhrenturm, um sich vor aufständischen Madrilenen in Sicherheit zu bringen. Diese umzingelten das Gebäude, um den Franzosen aufzulauern und sie zu töten. Die Soldaten konnten fliehen, aber vom Kapitän hat man nie wieder etwas gesehen. Dafür gab es nur eine »logische« Erklärung: Luzifer hatte den Mann in der Uhr versteckt. Im Zuge der aufwendigen Suche, die sogar im Uhrwerk erfolgte, fand man lediglich eine kleine Maus. Es lag klar auf der Hand: Der Teufel hatte den Kapitän in das Nagetier verwandelt und ihm zur Flucht verholfen. Deshalb sagt man bis heute, dass die zwölf Gongschläge zu Silvester ein Mittel sind, um Luzifer zu beschwören. Den Namen Luzifer benutzten auch die alten Römer, um den Planeten Venus anzubeten. Sie ist der erste Planet, den man bei Anbruch des neuen Jahres sieht. Der erste Januar wurde wahlweise von Luzifer oder dem Morgenstern Venus erleuchtet. Da Venus auch stets mit der Sonne in Verbindung gebracht wurde, schließt sich hier der Kreis – an der Puerta del Sol, dem Sonnentor.

Adresse Puerta del Sol 7, Sol | ÖPNV Metro 1, 2, 3, Haltestelle Sol | Tipp Das Restaurant »La Capilla de la Bolsa« in der Calle de la Bolsa 12 ist in einer alten Kapelle untergebracht und somit ideal für ein Dinner in faszinierendem Kirchenambiente.

94 Die Taberna Antonio Sánchez

Stierkampfambiente im Multikultiviertel

Im Mikrokosmos von Lavapiés, inmitten von indischen Restaurants, chinesischen Märkten und marokkanischen Teeläden, liegt die Taberna Antonio Sánchez. Hinter der holzvertäfelten Eingangsfassade öffnet sich eine Welt, die ihre Gäste zurück ins 19. Jahrhundert befördert. Zwischen antiken Tischen, Weinfässern, alten Stierkampfplakaten und ausgestopften Stierköpfen duftet es nach Serrano-Schinken und Sherry. Sogar die über 120 Jahre alte Registrierkasse steht noch auf der Theke. Nur die Preise auf der Karte haben sich verändert. Damals wie heute bestellt man hier gemischte Kanapees, Knoblauchsuppe, Schnecken oder eine typische Brotzeit.

Das Stierkampfambiente der Taverne kommt nicht von ungefähr. Fast alle bisherigen Besitzer waren nämlich ehemalige Stierkämpfer. Den Auftakt machte 1830 der Matador Colita, der die Bar später an den Stierkämpfer Cara-Ancha verkaufte. 1884 taufte Antonio Sánchez die Taverne auf seinen Namen und gab sie 1929 an seinen gleichnamigen Sohn weiter, der ebenfalls Stierkämpfer war. Übrigens hängt der Kopf des Bullen, der den jüngeren Antonio zum ersten Mal in seiner Karriere gehörnt hatte, noch heute an einer Wand.

Die Taverne entwickelte sich zu einem beliebten Künstlertreffpunkt. Regelmäßig traf man sich zu Gesprächszirkeln. Darunter war auch Antonio Díaz-Cañabate, der das Lokal zur Hauptfigur in seiner Novelle »Geschichte einer Taverne« (1945) machte und damit Antonio Sánchez zum absoluten Durchbruch verhalf. Dieser hatte derweil begonnen, sich für Malerei zu interessieren, und arbeitete in jeder freien Minute an Stierkampfgemälden, die er in seiner Bar aufhängte. Das wiederum brachte den Maler Ignacio Zuloaga auf die Idee, Malstunden für alle zwischen Wein und Tapas anzubieten.

Heute führt Ex-Matador Francisco Cíes die Taverne und setzt die alte Stierkampftradition inklusive Gesprächszirkel fort.

Adresse Calle Mesón de Paredes 13, Lavapiés – Embajadores | **ÖPNV** Metro 1, Haltestelle Tirso de Molina; Metro 3, Haltestelle La Latina | **Öffnungszeiten** Di–So 12–16 und 20–24 Uhr | **Tipp** Besonders authentisch ist das Ambiente im Antonio Sánchez sonntags um die Mittagszeit nach einem Besuch auf dem Rastro-Flohmarkt. Von hier aus zieht man dann weiter nach La Latina, zum Beispiel ins »Bonano« in der Calle del Humilladero 4.

95 Der Templo de Debod

Mehr Salamanca als Ägypten

1972 tauschte der Templo de Debod ägyptische Abende gegen die Sonnenuntergänge im Madrider Westen und sorgt seither für Postkartenstimmung in einer Parkanlage am Parque del Oeste.

Der ägyptische Tempel war ein Geschenk der ägyptischen Regierung an Spanien als Dank für die Rettung wichtiger Tempel an den Ufern des Nils, die mit dem Bau des Assuanstaudamms 1960 kurz vor der Überflutung standen. Das spanische Team hatte unter anderem den Abu-Simbel-Tempel gerettet. Hierfür gab es den Templo de Debod. Der Wiederaufbau des Tempels in Madrid war ziemlich kompliziert, weil man keine richtigen Pläne hatte und auf der langen und beschwerlichen Reise viele Blöcke verloren und kaputtgegangen sind. Der Historiker Jorge Magano weiß sogar, dass der Tempel mehr Steine aus Salamanca als aus Ägypten hat. Was wir heute in Madrid sehen, hat nicht mehr viel mit dem Tempel zu tun, der vor über 2.000 Jahren in Debod errichtet wurde. So hatte das Monument nicht zwei, sondern drei Portale. Einer der Türstürze musste komplett neu aufgebaut werden. Das Original befindet sich übrigens im Inneren des Tempels. Das Monument wurde dem Gott Amun und der Göttin Isis von Philae geweiht. Isis ist die Mutter von Horus und die Erste von vielen Gottesmüttern, die vom Stellenwert her mit der Jungfrau Maria verglichen werden kann. Interessanterweise findet man im Süden des Tempels einen würfelförmigen Anbau, das sogenannte »Mamisi«, was in der koptischen Sprache »Geburtsort« bedeutet. Wissenschaftler und Historiker sprechen von einem möglichen heiligen Ort, der vergleichbar mit dem Tor von Bethlehem ist. Dort hatte Isis Horus auf die Welt gebracht.

Das besondere Ambiente des Tempels sorgt nicht selten dafür, dass einigen Besuchern im Sonnenuntergang die Phantasie durchgeht. Viele fühlen sich mit Einbruch der Dunkelheit von Katzenaugen beobachtet und schwören, es sei der wiedergeborene Architekt des Bauwerks.

Adresse Paseo del Pintor Rosales 2, Argüelles ÖPNV Metro 3, 5, 10, Haltestelle Plaza de
España; Metro 3, Haltestelle Ventura Rodríguez Ganz in der Nähe befindet sich der
Senat an der Plaza de la Marina Española 8.

96 Die Trinitarierinnen von Cervantes

Verloren für die Ewigkeit

Eines der unbekanntesten Schmuckstücke von Madrid ist das Kloster der barfüßigen Trinitarierinnen von San Ildefonso im Schriftstellerviertel Huertas. Im Volksmund werden sie auch als die Trinitarierinnen von Cervantes bezeichnet. Der Grund, warum das Kloster mit Cervantes in Verbindung gebracht wird, ist die Tatsache, dass er hier neben seiner Frau beerdigt wurde. Der Autor von »Don Quijote de la Mancha« starb 1616 mit 69 Jahren in seinem Haus in der heutigen Calle de Cervantes, Ecke Calle de León.

Das Kloster wurde bereits 1612 gegründet, aber die schlechte Bauqualität führte dazu, dass Teile des Gebäudes abgerissen werden mussten und 1673 eine neue Kirche entstand. Bei dieser Aktion sind offenbar die sterblichen Überreste von Cervantes verloren gegangen. Die glaubwürdigste Theorie über den Verbleib von Cervantes vertritt die These, dass seine Reste gemeinsam mit den sterblichen Überbleibseln einiger Nonnen auf einem Schutthaufen für das abgerissene Baumaterial gelandet sind. Man darf nicht vergessen, dass Cervantes zum Zeitpunkt seines Todes ein ganz gewöhnlicher Mann und für die Gesellschaft ein praktisch unbekannter Autor war, dessen erste Ausgabe von »El Quijote« gerade einmal zehn Jahre zurücklag. Als ein Leichnam mehr zwischen den dahingeschiedenen Nonnen wurde ihm sicher keine weitere Bedeutung geschenkt.

So kann man ziemlich wahrscheinlich davon ausgehen, dass die Überreste von Cervantes sogar namenlos an irgendeiner Stelle erneut begraben wurden. Die Reiseführer behaupten zwar immer noch, dass er irgendwo im Kloster ruhe, aber Tatsache ist, dass seit drei Jahrhunderten kein Fünkchen Staub vom großen Schriftsteller gefunden wurde. Ein Schicksal, dass so manche Schriftsteller aus jener Zeit mit ihm teilen, wie Lope de Vega, Calderón de la Barca, Diego Velázquez oder Cervantes' großer Erzfeind Francisco de Quevedo.

A
MIGUEL DE CERVANTES SAAVEDRA,
QUE POR SU ÚLTIMA VOLUNTAD YACE
EN ESTE CONVENTO DE LA ORDEN TRINITARIA,
A LA CUAL DEBIÓ PRINCIPALMENTE SU RESCATE.
LA ACADEMIA ESPAÑOLA.
CERVANTES NACIÓ EN 1547 Y FALLECIÓ EN 1616.

Adresse Calle Lope de Vega 18, Huertas | ÖPNV Metro 1, Haltestelle Antón Martín |
Öffnungszeiten heilige Messe Mo–Fr 9.30 Uhr, Sa, So 10 und 12 Uhr | Tipp In der Pa-
rallelstraße Calle de Cervantes 11 befindet sich das Museumshaus Lope de Vega.

97 — Die Ultramarinos

Der Kampf ums Überleben

Früher fand man sie an allen Ecken von Madrid: die »Ultramarinos«, eine Art spanischer Tante Emma-Laden und eines der letzten Überbleibsel aus dem spanischen Imperium. Im Grunde genommen funktionieren Ultramarinos wie Supermärkte, nur sind sie in ihrer Produktauswahl erheblich eingeschränkt. Typische Waren sind beispielsweise langlebige Konserven mit eingelegtem Fisch, Getränke aller Art, spanisches Gebäck und die obligatorische Stange Weißbrot, aber auch exotische Waren, die beispielsweise aus Amerika importiert werden.

In den 1970er Jahren bekamen sie jedoch ernsthafte Konkurrenz in Form von den Lebensmittelläden, wie wir sie heute kennen, und wurden gnadenlos vom Markt verdrängt. Mit jedem neuen Supermarkt schlossen gleich mehrere Ultramarinos, worunter vor allem die ältere Kundschaft litt.

Heute kann man die sympathischen Krämerläden an einer Hand abzählen, und sie verdanken ihr Überleben allein der Tatsache, sich auf erstklassige Konservenprodukte spezialisiert zu haben. Dennoch kann man sie nicht mit einem Delikatessengeschäft vergleichen, denn auf den ersten Blick haben sie das gleiche bunte Angebot wie Asialäden, die in Spanien kurz »Chinos« genannt werden und in den letzten Jahren wie Pilze aus dem Boden geschossen sind. Deren Vorteil – sie haben bis spät in die Nacht und sogar sonntags geöffnet. Damit können die Ultramarinos nicht mithalten.

So ist es geradezu verwunderlich, dass man hier und da noch auf ein authentisches Geschäft trifft, das auch die werbeträchtige Dekoration in Form von meterhoch geschichteten Konservendosen in den Schaufenstern beibehalten hat.

Sogar der charakteristische Duft in den Läden hat sich nicht verändert: Wenn man die Augen schließt, schnuppert man den einzigartigen Mix aus Kaffee, eingelegten Oliven und frisch gebackenem Brot.

Adresse Calle Trafalgar 5, Trafalgar (Chamberí) | ÖPNV Metro 1, 4, Haltestelle Bilbao |
Öffnungszeiten Mo–So 10–14 und 17–21 Uhr | Tipp Die Plaza Olavide mit ihren
Kneipen und Terrassen lockt bei gutem Wetter ganze Heerscharen von Gästen. Die Spezialität vieler Lokale ist hier die berühmte »tortilla española« mit Paprikaschoten und dazu
ein Glas Wein.

98__Das unterirdische Chinarestaurant

Wo die Chinesen essen

Es ist das Chinarestaurant, dessen Namen niemand kennt, weil er nur auf Chinesisch zu lesen ist. Seine Lage ist nicht wirklich einladend, es sei denn, man findet unterirdische Parkhäuser romantisch. Innen ist es eng und ein bisschen schmuddelig. Gerade einmal sieben Tische haben hier Platz, die Dekoration glänzt mit Abwesenheit, und aus einem alten Fernseher schallen chinesische Karaokeshows, die jedes Gespräch dominieren.

Und trotzdem bilden sich seit vielen Jahren Tag für Tag Schlangen vor dem Restaurant unter der Erde. Wer auch immer das Lokal unterhalb der Plaza de España aufgespürt hatte, machte die Entdeckung des Jahrhunderts, denn es ist definitiv eines der besten Chinarestaurants der Stadt. Hier essen sogar die Chinesen, was wohl auch daran liegt, dass es sich um authentische chinesische Küche handelt, die praktisch nirgendwo anders in Madrid zu finden ist. Von wegen Frühlingsrolle und Schweinefleisch süßsauer. Die Karte ist für chinesische Verhältnisse mit 25 Gerichten relativ kurz gehalten. Absolute Renner sind die gefüllten Teigtaschen, Reisnudeln und Dim Sum. Neben der Tatsache, dass alles sehr lecker schmeckt, machen auch die günstigen Preise glücklich: Sämtliche Speisen liegen zwischen einem und fünf Euro.

Verständlicherweise sagt nicht jedem Kunden die etwas unterkühlte Ästhetik zu, deshalb muss man aber nicht auf das gute Essen verzichten. Im günstigsten Fall funktioniert die Take-away-Variante so, dass man bereits in der Schlange stehend die Karte studieren und seine Bestellung aufgeben kann. Wenn man an der Reihe ist, kann man das Essen dann sofort mitnehmen.

Es wird übrigens erzählt, dass der Koch vor vielen Jahren mit einem Messer im Kopf aus dem Restaurant gerannt kam. Er überlebte und steht bis heute hinter dem Herd …

Adresse Plaza de España, in der Galerie unter dem Parkhaus, Argüelles | ÖPNV Metro 3, 5, 10, Haltestelle Plaza de España | Öffnungszeiten Mo–So 10–1 Uhr | Tipp Wer auf den Geschmack gekommen ist, findet nebenan einen Asialaden, der alles hat, was man für die authentische chinesische Küche benötigt.

99 Die unvergängliche Betschwester

Duft nach frischen Äpfeln

Mariana war ein schwieriges Kind, denn ihr Leben war schon früh davon gekennzeichnet, sich den Wünschen ihrer Eltern zu widersetzen. Bereits in jungen Jahren wurde sie vom religiösen Leben geradezu magisch angezogen und träumte davon, eines Tages ins Kloster zu gehen. Deshalb war die angehende Ordensschwester gar nicht begeistert, als die Eltern ihr mit 22 Jahren ihren zukünftigen Bräutigam vorstellten. Die Hochzeitsvorbereitungen waren bereits im Gang. Um ihrem bockigen Vater, der auf der Hochzeit bestand, nachhaltig zu erklären, wie ernst ihr ein Leben hinter Klostermauern war, verunstaltete sie ihr Gesicht. Sie schnitt sich kurzerhand die Mundwinkel auf. Ihr Vater musste endlich begreifen, dass der einzige Mann in ihrem Leben Gott war – und es auch bleiben würde.

1606 ging Mariana in das Kloster de la Merced. Sie hatte viele Visionen und berichtete gern von ihren Gesprächen mit der Jungfrau oder wie sie mit dem Jesuskind spielte. Am 17. April 1624 starb die Betschwester an den Folgen von Lungenkrebs. Sie wurde 59 Jahre alt. Zwei Tage lang wurde der Leichnam vor den Gläubigen aufgebahrt, und viele Menschen kamen, um Abschied von der Ordensfrau zu nehmen. Drei Jahre später öffnete man ihr Grab und stellte überrascht fest, dass der Körper unversehrt war. Das Fleisch war frisch, und sogar die Arme und Beine ließen sich noch biegen. Wundersamerweise verströmte der Sarg den Duft nach frischen Äpfeln.

In den nachfolgenden Jahrhunderten schaute man mehrfach nach, was mit dem Körper der Betschwester geschehen ist. Unerklärlicherweise ist er bis heute unverändert und wird mittlerweile jeweils am 17. April im Kloster der Mercedariermütter von Don Juan de Alarcón vor den Gläubigen aufgebahrt. Die Wissenschaft hat allerdings eine ganz einfache Erklärung für das Wunder. Wahrscheinlich wurde ihr Körper vor der Beisetzung einbalsamiert.

Adresse Calle Valverde 15, Triball | ÖPNV Metro 2, 5, Haltestelle Ópera | Tipp Besuchen Sie Daniel, den Besitzer des »Horno de San Onofre«, eine der berühmtesten Konditoreien von Madrid in der gleichnamigen Straße. Allein schon ein Blick in die Auslage lohnt sich.

100_Das verfluchte Haus

Die schwärzeste Straße der Stadt

In jeder Großstadt gibt es Gebäude, in denen schon mal ein Mord verübt worden ist. Aber wenn in einem einzigen Haus über die Jahre hinweg gleich mehrere Gräueltaten stattfinden, kann das nur eins bedeuten: Das Haus ist verflucht. Im Fall der Calle Antonio Grilo gilt das übrigens nicht nur für die Hausnummer 3, sondern gleich für die ganze Straße.

Das erste Verbrechen geschah 1945, als ein Bewohner im ersten Stock leblos aufgefunden wurde. Er befand sich bereits in einem Zustand fortgeschrittener Verwesung und war offenbar während eines Raubüberfalls ermordet worden. Jahre später, im Mai 1962, wurde in dem gleichen Haus ein bislang unauffälliger und liebevoller Familienvater zur mordenden Bestie. Mit einem Hammer, einer Pistole und einem Messer bewaffnet, tötete er seine Frau und seine fünf Kinder. Im Blutrausch schleppte er die Leichen vor die Balkontür, um sie den geschockten Nachbarn auf der Veranda zu präsentieren. Später versuchte er zweimal erfolglos, sich selbst umzubringen, und wurde schließlich in eine Anstalt eingewiesen.

Knapp zwei Jahre später wurde die schwarze Chronik der Calle Antonio Grilo 3 um einen weiteren brutalen Mordfall erweitert. Eine Nachbarin im dritten Stock erwürgte ihr Baby und versteckte die kleine Leiche in einer Kiste im Schrank, bis sie von der Polizei gefunden wurde.

Man kann eine lange Liste mit Morden und Unfällen zusammenstellen, die sich im Laufe des letzten Jahrhunderts auf dieser Straße zugetragen haben: Menschen, die sich in der Calle Antonio Grilo aus dem Fenster stürzten, überfahren wurden oder Motorradunfälle hatten; Selbstmörder und Einbrecher, die ihre Opfer auf offener Straße oder in der Wohnung überfielen. Dabei gehört sie zu den kürzesten Straßen der Stadt. Der berühmte Verbrecher Jarabo wurde übrigens nach frischer Tat in einer Bar gefasst – er trank gerade ein Bier in der Calle Antonio Grilo …

CALLE DE ANTONIO GRILO

CAFE BISTRO

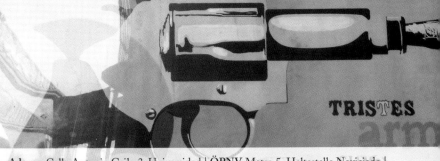

TRISTES

Adresse Calle Antonio Grilo 3, Universidad | ÖPNV Metro 5, Haltestelle Noviciado |
Tipp Die Diskothek »Morocco« aus den 1980er Jahren in der Calle Marqués de Leganés 7
ist bis heute Kult.

101 — Der vergessene Friedhof

Letzte Ruhe in der Metro

Die Metrostation Tirso de Molina unterscheidet sich eigentlich nicht von anderen U-Bahnhöfen. In den Stoßzeiten preschen die Menschen hektisch die Rolltreppen hinunter, drängeln an den Türen, manche lesen Zeitung, chatten via Handy oder starren gelangweilt auf die Metrowerbung an den Wänden. Nur die wenigsten Madrilenen wissen, dass die Metro Tirso de Molina ein gruseliges Geheimnis birgt. Man befindet sich nämlich auf einem unterirdischen Friedhof.

Bis 1838 stand an der heutigen Plaza Tirso de Molina das 1564 gegründete Kloster de la Merced. Nach der Säkularisierung von Kirchengut durch Mendizábal verschwand es von der Bildfläche. Dem Kloster angeschlossen war ein Friedhof, auf dem die verstorbenen Mönche ihre letzte Ruhe fanden. Die sterblichen Überreste wurden niemals auf einen anderen Friedhof verlegt und blieben da.

Als man Anfang des 20. Jahrhunderts die Arbeiten für den Bau der Metrostation aufnahm, kamen menschliche Knochen zum Vorschein, die von dem längst vergessenen Friedhof des Klosters stammten.

Und natürlich ließen auch Spukgeschichten nicht lange auf sich warten. Angeblich hätten einige Arbeiter während der Bauarbeiten Hilfeschreie hinter einer Mauer gehört. Sie schlugen ein Loch und fanden, welch Überraschung, ein Skelett. Auch Parapsychologen bestätigten später eindeutig hörbare Schreie und die Anwesenheit untröstlicher Geister, die sich in ihrer Ruhe offenbar gestört fühlten.

Da niemand so recht wusste, was man mit den Knochen und Schädeln anfangen sollte, hatten sich die Behörden damals entschlossen, sie einfach dort zu lassen. Die sterblichen Überreste wurden an den Bahnsteigen aufeinandergestapelt und mit Fliesen bedeckt.

Und dort ruhen sie bis heute, die Ordensbrüder vom Kloster de la Merced …

Adresse Plaza Tirso de Molina, Lavapiés | ÖPNV Metro 1, Haltestelle Tirso de Molina |
Tipp In den Musical-Theatern »Häagen-Dazs Calderón« in der Calle Atocha 18 und im
»Nuevo Apolo« an der Plaza Tirso de Molina 1 sind die Fans des Genres bestens aufgeho-
ben.

102 Die vergessene Grabnische der »nackten Maja«

Wie das Leben so spielt

Sie ist eine kleine Grabnische unter vielen und wird von den wenigsten Besuchern des San-Isidro-Friedhofs wahrgenommen. Der Name der dort bestatteten Dame sagt den meisten Menschen wahrscheinlich gar nichts. Hier ruht Josefa Petra Francisca de Paula de Tudó y Catalán, Alemán y Luesia. Besser bekannt unter der Abkürzung Pepita Tudó und weltweit berühmt, weil sie als »nackte Maja« dem spanischen Maler Francisco Goya Modell gestanden hatte.

Pepita kam aus Cádiz und lernte 1796 den einflussreichen Politiker und Lieblingsminister von Carlos IV., Manuel Godoy, kennen, mit dem sie ein Verhältnis einging. Nach dem Tod seiner Frau konnte sie ihn 1928 endlich heiraten. Die Hochzeit fand allerdings im Exil statt. Pepita war unter den Spaniern verhasst, allen voran dem spanischen Königshaus, weil sie zu den Hauptverdächtigen zählte, die möglicherweise die spanischen Kronjuwelen entwendet hatten.

Die Historiker wissen nicht viel über sie, aber es ist eine Tatsache, dass Pepita eine ziemliche Skandalnudel war und ihre Exzesse mit geradezu stoischer Ruhe meisterte. Vermutlich hatte sie Godoy schon viele Jahre vor dem Ableben seiner Frau heimlich geheiratet, und sie soll sogar lange Zeit unter einem Dach mit dem Politiker und seiner Gattin gelebt haben, die diese Dreiecksbeziehung ohne Mucks ertragen musste. Dass Pepita die Gemälde von Goya ziert, wird allein deshalb schon vermutet, weil sich die Bilder der »Maja«, darunter auch der berühmte Akt, allesamt in Godoys Privatbesitz befanden.

Nach ihren Aufenthalten in Rom und Paris wollte sie unbedingt nach Spanien zurückkehren, wo sie 1834 ziemlich erfolglos versucht hatte, das konfiszierte Vermögen ihres Mannes wiederzuerlangen. Die Andalusierin starb 1869 im Alter von 92 Jahren an den Folgen eines Küchenunfalls. Sie war allein, als der Herd in Flammen aufging und sie jämmerlich verbrannte.

Adresse Paseo Ermita del Santo 78, San Isidro, Carabanchel | ÖPNV Metro 5, Haltestelle Marqués de Vadillo | Öffnungszeiten Mo–So 8–15 Uhr | Tipp Auf der anderen Seite vom Fluss Manzanares liegt das Heimstadion des Fußballvereins Atlético Madrid. Spaziergänge entlang des Manzanares, dessen Ufer in den letzten Jahren einen neuen Look erhalten haben, lohnen sehr.

103 Das verliebte Gespenst aus der San-José-Kirche

Aschenbrödel für Geisterjäger

Viele Legenden ranken sich um die Kirchen von Madrid. Zu den absoluten Lieblingsplätzen der selbst ernannten Geisterjäger der Stadt gehört die San-José-Kirche in der Calle de Alcalá 43, die Zeugin einer schaurig-schönen Liebesgeschichte wurde.

Nachdem 1836 die Nonnen des Barfüßerordens von San Hermenegildo aus dem Kloster verbannt worden waren, zu dem auch die San-José-Kirche gehörte, stand das Gebäude viele Jahre leer. Aus jener Zeit stammt die Geschichte eines jungen Mannes, der nach dem Weihnachtsessen mit seiner Familie zum Tanzen ausging. Um Punkt drei Uhr morgens betrat ein bildhübsches Mädchen den Ballsaal, dessen Schönheit den Jüngling tief beeindruckte. Er bat sie um einen Tanz, und beide tanzten die ganze Nacht durch, bis die schöne Unbekannte darauf bestand, nach Hause zu wollen. Hand in Hand liefen die beiden durch Madrid, bis sie die San-José-Kirche erreichten. »Wir sind angekommen«, sagte die junge Frau, und ihr Begleiter dachte zunächst an ein Missverständnis. Da sie aber darauf bestand, in der Kirche zu wohnen, wurde er ziemlich wütend und glaubte, sie erlaube sich einen Scherz. Ärgerlich zog er davon. Als der junge Mann am nächsten Tag erneut an der Kirche vorbeiging, fand dort eine Beerdigung statt. Neugierig schaute er in den offenen Sarg und stellte entsetzt fest, dass darin das Mädchen lag, mit dem er die ganze Nacht getanzt hatte. Eine Frau zog ihn beiseite und erklärte ihm, dass in dem Sarg ihre Cousine liege. »Sie war verliebt in dich, aber immer zu schüchtern, um es dir zu sagen«, setzte sie fort. »Heute Morgen um drei Uhr ist sie gestorben …«

Die Legende machte den Auftakt zu vielen weiteren mysteriösen Geschichten, die sich im Umfeld der San-José-Kirche abgespielt haben sollen. Kein Wunder also, dass sie bis heute ein beliebter Schauplatz für Esoteriker geblieben ist.

PARROQUIA SAN JOSE

Adresse Calle de Alcalá 43, Sol | ÖPNV Metro 2, Haltestelle Sevilla und Banco de España | Tipp Nicht weit entfernt befindet sich die Madrider Börse an der Plaza de la Lealtad 1.

104 Der vertikale Garten im Hotel Mercure

Ein kleines Weltwunder

Über 200 Pflanzen gedeihen auf 844 Quadratmetern mitten im Zentrum der Stadt. Allerdings haben wir es nicht mit einem herkömmlichen Park zu tun. Die Grünfläche liegt so versteckt, dass sie nur wenige Menschen bislang gesehen haben. Der senkrecht angelegte Garten im Hotel Mercure erstreckt sich über fast 25 Metern in die Höhe und ist ein weltweit einzigartiges Projekt. So sieht es übrigens auch das Guinnessbuch der Rekorde, das den Park 2012 zum größten vertikalen Garten der Welt gekürt hat.

Die Idee ist so simpel wie genial: Damit die Hotelgäste der 70 Zimmer, die zum Innenhof liegen, eine hübschere Aussicht haben, wollte man die Fassade verschönern und stellte hierzu ein Baugerüst auf, das über seine komplette Fläche mit den unterschiedlichsten Spezies bepflanzt wurde. Je dichter die Vegetation zusammenwuchs, desto weniger konnte man vom hässlichen Gerüst sehen, bis es schließlich ganz hinter der grünen Wand verschwand. Bäume, Büsche, blühende Blumen, Kletterpflanzen und selbst seltene Exemplare wie die Blaue Mexikanische Zwergpalme oder der Palmfarn, der noch aus der Zeit der Dinosaurier stammt, fühlen sich hier pudelwohl. Der Garten hat nicht nur aufgrund seiner pflanzlichen Vielfalt eine entspannende Wirkung auf die Besucher. Mehrere Lichtspiele und Soundeffekte sorgen dafür, dass man sich wie an einen magischen Ort versetzt fühlt. Das Projekt ist nachhaltig, denn der Garten produziert im Jahr so viel Sauerstoff, wie etwa 200 Personen am Tag verbrauchen. Er sorgt für eine geringere Lärmbelästigung und reduziert die Temperatur im Sommer um sechs bis acht Grad – das entspricht dem Einsatz von 50 Klimaanlagen.

Für die grüne Oase hatte sich der Architekt Félix González Vela übrigens von den Hängenden Gärten von Babylon inspirieren lassen, eines der sieben Weltwunder der Antike.

Adresse Calle San Bernardo 1, Sol | **ÖPNV** Metro 2, Haltestelle Santo Domingo | **Öffnungszeiten** Mo 17–22 Uhr, außer Juni–Aug. | **Tipp** Im Sommer kann der Garten nicht besichtigt werden, weil dann die Badesaison beginnt. Das Hotel Mercure ist eines der wenigen Hotels der Stadt mit Pool auf dem Dach und einem spektakulären Blick auf den Königspalast und die Altstadt.

105 Der Viadukt

Geteilte Ansichten

Der Viadukt bietet den perfekten Panoramablick auf Madrid und die Berge. Er zieht nicht nur die Einheimischen, sondern auch ganze Heerscharen von Touristen an, die, vom Königspalast und der Almudena-Kathedrale kommend, geradewegs auf Madrids höchste Brücke zusteuern.

Seit einigen Jahren wird der tolle Ausblick allerdings von riesigen Glasmauern getrübt, die vor dem Geländer aufgestellt worden sind. Ein nettes Erinnerungsfoto in 22 Metern Höhe wird da etwas schwierig.

Nicht alle Menschen teilten die Ansicht, dass die Brücke eine schöne Sicht bietet. Einige sahen im Viadukt den idealen Ort, um von hier oben aus ihrem Leben ein Ende zu setzen. Die Höhe zog potenzielle Selbstmörder geradezu magisch an, und davon gab es nicht wenige in den vergangenen Jahrzehnten.

Ende der 1990er Jahre beschlossen die Behörden, dass damit jetzt Schluss sei, denn die todesmutigen Kandidaten setzten nicht nur ihr eigenes Leben aufs Spiel. Oft kam es auch zu haarsträubenden Unfällen auf der unter der Brücke verlaufenden Calle Segovia. Die Straße ist nicht nur stark befahren, sondern setzte auch Fußgänger einer lauernden Gefahr aus.

Kurzerhand errichtete man meterlange Glaspaneele entlang der Brücke, damit fortan niemand mehr in die Nähe des Geländers kommen konnte. Die Maßnahme war tatsächlich effektiv, denn seitdem hat man keinen Toten mehr beklagen müssen. Das letzte Opfer war tragischerweise ein Stuntman, der sich bei einem Filmdreh als vermeintlicher Selbstmörder mit Hilfe eines Bungee-Seils in die Tiefe stürzen sollte. Fatalerweise hatte man das Seil falsch ausgemessen.

Wenn man heute über den Viadukt läuft, ist es zwar nicht mehr so wie früher, als der Blick noch ungetrübt war. Aber die Sicherheit der Mitbürger geht schließlich vor!

Adresse Calle Bailén, Austrias | ÖPNV Metro 2, 5, Haltestelle Ópera | Tipp In der Um-
gebung gibt es unzählige Reste der arabischen Mauer, zum Beispiel in der Calle de los
Mancebos 3 und 5, in der Calle Cava Baja 30 oder an der Plaza de la Ópera.

106 __ Die Viergespanne auf dem BBVA-Gebäude

Abgehobene Eitelkeit

Madrids Skulpturen stehen nicht nur auf den Straßen. Ein Blick in die Höhe lässt den aufmerksamen Spaziergänger luftige Schätze entdecken, denn auch viele Dächer im Zentrum sind mit wuchtigen Monumenten ausgestattet. Zu den auffallendsten Skulpturen gehören zweifellos die beiden Viergespanne, die den Hauptsitz der spanischen Großbank BBVA an der Calle de Alcalá krönen. Wer sich nicht krampfhaft den Hals verrenken will, kann sie übrigens ganz entspannt vom Dach des Círculo de Bellas Artes aus betrachten.

Das Gebäude der damaligen Banco de Bilbao stammt aus dem Jahr 1923 und ist Nachbar einer ganzen Reihe von majestätisch anmutenden Bauwerken auf der Calle Alcalá. Nur kurze Zeit später setzte man die Quadrigen mit ihren beiden Fuhrmännern auf das Dach. Die Skulpturen von Higinio Basterra haben das stolze Gewicht von 25 Tonnen und stehen symbolisch für die damaligen Werte der Bank: Macht und Kraft. Dabei würde es in der heutigen Zeit einer Bank wohl besser stehen, wenn sie sich nicht mit derartigen Tugenden in den Vordergrund drängt. Es könnte missverstanden werden. Ihrem spektakulären Aussehen verdanken die Skulpturen es, auch von Filmemachern und Fotografen in Szene gesetzt worden zu sein. Modereportagen in luftiger Höhe oder Szenen im Film »La Comunidad« von Álex de la Iglesia fanden genau an diesem Ort statt. Übrigens waren die beiden Viergespanne ursprünglich goldfarben, mussten dann jedoch schwarz lackiert werden, um während des Spanischen Bürgerkriegs den Flugzeugen Francos nicht als Referenzpunkt zu dienen.

Ein bisschen abgehoben sind sie ja schon, die beiden Fuhrmänner. Ihre Arroganz und Eitelkeit wird dadurch betont, dass sie in einer recht unnatürlichen Pose abgebildet werden. Basterra hatte sie über dem Karren stehend angebracht, damit man sie vom Boden aus besser erkennen kann.

Adresse Calle de Alcalá 16, Sol | **ÖPNV** Metro 1, 2, 3, Haltestelle Sol; Metro 2, Haltestelle Sevilla | **Tipp** Weitere Dachskulpturen sieht man zum Beispiel an der Calle Alcalá 21 (Edificio Vitalicio), auf dem Círculo de Bellas Artes, auf dem Metropolis-Gebäude Ecke Alcalá / Gran Vía und entlang der Gran Vía.

107 Die Wandfliese der Calle de la Cabeza

Von der Vergangenheit eingeholt

Die Straßennamen im historischen Zentrum von Madrid sind in Form von bebilderten Wandfliesen angebracht, auf denen ihre Geschichte angedeutet wird. Die Calle de la Cabeza lässt schon auf den ersten Blick nichts Gutes ahnen. Ihre Fliese zeigt einen abgeschlagenen Kopf auf einem Tablett zwischen einem Messer und einem blutigen Schafskopf. Hier fand zweifellos einer der schlimmsten Morde der Stadtgeschichte statt.

Einst lebte in der Straße ein Priester mit seinem Gehilfen. Der eifrige, aber geldgierige junge Mann war auf den wohlhabenden Geistlichen so neidisch, dass er eines Tages seinen Chef kaltblütig umbrachte und dessen Gold raubte. In seinem Hass schlug er ihm den Kopf ab und floh ins Ausland. Die Nachbarn merkten schon bald, dass etwas nicht stimmte, und beschlossen, mit Hilfe eines Küsters die Haustür des Priesters aufzubrechen. Vor ihren Augen bot sich ein Ort des Grauens. Das ganze Viertel brach in Panik aus, aber die Tat konnte nie aufgeklärt werden. Viele Jahre später kehrte der Gehilfe als reicher Geschäftsmann zurück in seine Heimatstadt und bummelte über den Rastro. Auf dem Marktplatz erstand er einen frischen Schafskopf, den er in seine Tasche steckte. Ein Gerichtsbote sah die Blutspur, die aus dem Beutel tropfte, und hielt ihn an: »Was ist in der Tasche?«, fragte er. Der Geschäftsmann antwortete lässig: »Ein Schafskopf!« Aber als der Gerichtsbote den Beutel öffnete, kam der abgeschlagene Kopf des Priesters zum Vorschein. Der Ex-Gehilfe wurde an den Galgen gehängt, und Felipe III. ließ im Gedenken an den ermordeten Geistlichen einen aus Stein gehauenen Kopf an der Fassade des Wohnhauses anbringen. Die Nachbarn fanden die Idee aber gar nicht gut und entfernten das makabre Erinnerungsstück, um den Vorfall endlich zu vergessen. Stattdessen errichteten sie hier eine Kapelle.

Adresse Calle de la Cabeza, Lavapiés | ÖPNV Metro 1, Haltestelle Antón Martín | Tipp
In der Nähe liegt der Hauptsitz von Radio und Chor Radiotelevisión Española in der Calle
Atocha 65.

108 Das Wunder von San Pantaleón

Blutiges Orakel

Der 26. Juli ist immer ein ganz besonderer Tag im Königlichen Kloster Monasterio de la Encarnación. Gebannt blicken die dort Versammelten auf eine Ampulle mit getrockneten Körperflüssigkeiten, um Zeugen einer wundersamen Begebenheit zu werden. Denn einmal im Jahr verflüssigt sich das Blut des Märtyrers San Pantaleón, und niemand hat eine Erklärung dafür. Dass dieses Phänomen nicht auf purer Einbildungskraft beruht, beweist zumindest die Tatsache, dass bis 1993 die Gläubigen an die Reliquie herantreten konnten, um sich von dem einmaligen Prozess überzeugen zu können. Dabei kam es allerdings häufig zu dramatischen Szenen, wenn Gläubige in Ekstase verfielen und die Ampulle nicht selten Gefahr lief, im Tumult unterzugehen. Kurzerhand wurde die Zurschaustellung des »Wunders von San Pantaleón« eingestellt. Mittlerweile wird das Spektakel aber wieder zugänglich gemacht, und zwar in Form von einer Art »Mini-Public-Viewing« auf Bildschirmen, die speziell für das Event im Kloster aufgestellt werden.

Das Gefäß mit dem getrockneten Blut des Heiligen befand sich lange Zeit im Besitz des Vatikans, bis es Papst Paul V. dem Vizekönig von Spanien in Neapel, Juan de Zuñiga, schenkte. Dieser wiederum übergab es 1611 dem Kloster in Madrid.

Blutverflüssigungen von Heiligen treten auch woanders auf, beispielsweise in Neapel, wo die Blutreste des heiligen Januarius jeweils am ersten Maiwochenende und am 19. September zu Leben erwachen. Den genauen Grund für diese Phänomene kennt man zwar nicht, aber sie haben auf jeden Fall ihr Gutes: Wann immer sich das Blut nicht verflüssigt hatte, kam es zu großen Katastrophen wie dem Ersten Weltkrieg 1914 oder dem Spanischen Bürgerkrieg 1936.

Die katholische Kirche hat sich übrigens bis heute noch nie offiziell über das Blutwunder von San Pantaleón geäußert.

Adresse Plaza de la Encarnación 1, Austrias | ÖPNV Metro 2, 5, Haltestelle Ópera | Öffnungszeiten Di, Mi, Do, Sa 10.30–12.45 und 16–17.45 Uhr, Fr 10.30–12.45 Uhr, So 11–13.45 Uhr | Tipp Interessant ist ein Besuch im Königspalast, der teilweise als Museum der Öffentlichkeit zugänglich gemacht worden ist. Hin und wieder gibt es Ausstellungen von Goya und Co.

109 Die Zeitreise ins Youtopia

Der etwas andere Antiquitätenladen

Einmal tief durchatmen und in eine andere Welt eintauchen. Youtopia verspricht eine Reise in längst vergangene Zeiten. Hier unten, in einem alten Lagerkeller im Chamberí-Viertel, findet man sich in der wunderbaren Welt antiker Möbel und Gegenstände aus den letzten drei Jahrhunderten wieder. Es ist ein bisschen schummerig, und ein paar Objekte im Eingangsbereich könnte man mit etwas Glück auch im Rahmen einer Sperrmüllsammlung auf der Straße finden. Sie sind noch nicht restauriert, und an ihnen haftet noch der spannende Geruch aus Muff und Moder. Neben Biedermeierschränken und Pop-Art-Möbeln gibt es im Herzen des Youtopia auch alte Stoffe, Bilder und Deko-Objekte jeglicher Couleur. Die Halle erstrahlt im Schein antiker Lampen mit vielen Farbtupfern aus den 1950er und 1960er Jahren, die mit antiken Hölzern gemixt werden. Der Stilbruch ist gewollt und absolut genial, ungewöhnlich arrangiert. Nichts erinnert an einen schmuddeligen Trödelladen, aber es handelt sich auch nicht um ein schickes Antiquitätengeschäft, in dem exquisit aufgearbeitete Stücke fast schon mit Nachbildungen von heute zu verwechseln sind.

Youtopia ist ohnehin mehr als ein einzigartiger Antiquitätenladen, denn hier gilt das Motto »Lebe die Kunst«. Jeden Monat finden Workshops unter der Leitung bekannter Kunstexperten aus Spanien statt, die Themen wie Ausflüge in die Kunstgeschichte, Poesie, klassische Musik und Literatur behandeln. Viele Galeristen und Restaurateure gehören zum Stamm des Youtopia, aber auch Kunststiftungen und Museen haben sich mit dem Laden zusammengeschlossen.

So werden spezielle Gruppenführungen organisiert, und regelmäßig finden Ausflüge für Kinder unter der Obhut einer fachlichen Begleitung in die Museen von Madrid statt. Kurzum, ein Treffpunkt, wo man sich bilden, neue Leute treffen und Kunst und Antiquitäten einfach genießen kann.

Adresse Calle Garcilaso 5, Trafalgar (Chamberí) | ÖPNV Metro 1, 4, Haltestelle Bilbao | Öffnungszeiten Mo–Fr 11–14 und 17–20 Uhr | Tipp »La Tapicera« in der Calle Bastero 10 bezieht alte Möbel wie Stühle, Sofas oder Kissen mit neuen Stoffen und schafft ganz neue Kunstwerke. Infos unter www.latapicera.com.

110__Der zerstörte Dachsims
Auto im Anflug

Es ist eine traurige Tatsache, dass sich die separatistische baskisch-nationale Untergrundorganisation ETA vorzugsweise mit der Anfertigung von Autobomben beschäftigt hat, um auf diese Weise viele Leben zu zerstören. Für den Anschlag vom 20. Dezember 1973 hatte sie sich keiner Autobombe bedient, aber 100 Kilogramm Sprengstoff eingesetzt, die notfalls auch mehrere Autos zum Fliegen gebracht hätten.

Admiral Luis Carrero Blanco besuchte an jenem Morgen die Messe in der Calle Serrano und wurde von seinem Chauffeur abgeholt. Die beiden kamen nicht weit – auf Höhe der Calle de Claudio Coello 104 flog ihr Auto durch die Luft. Mehrere Risse im Asphalt erinnern an die gigantische Explosion, die Carreros Wagen gegen ein fünfstöckiges Gebäude geschleudert und dann über das Dach katapultiert hat. Das Auto landete schließlich im Hinterhof. Im obersten Stockwerk des Hauses kann man noch den zerstörten Sims erkennen, wo das Auto im Anflug das Gebäude gestreift hatte.

Von der Straße aus sieht man das Fenster der Souterrainwohnung, die sich die ETA-Mitglieder gemietet hatten. Hier hatten sie einen Tunnel bis zur Straßenmitte gegraben, wo sie 100 Kilogramm Goma-2 mit einer Zündung versteckten. Damit die Nachbarn keinen Verdacht schöpften, hatte sich ein ETA-Mitglied als Bildhauer ausgegeben. So konnte die Gruppe den höllischen Lärm der Bohrmaschine rechtfertigen, die bei der Grabung des Tunnels eingesetzt wurde. Da die Amerikanische Botschaft nicht weit entfernt ist, vermutete man ursprünglich, dass die CIA mit dem Anschlag in Verbindung stand. Schnell bekannte sich allerdings die ETA zu dem Attentat, bei dem Blanco ums Leben kam, und erklärte, Carrero Blanco hätte den »puren Franquismus« verkörpert. Er war seit 1951 Mitglied in der Regierungsspitze des Franco-Regimes und hatte damals die besten Aussichten darauf, Francos Nachfolger zu werden. Eine Plakette an der Hauswand erinnert an das spektakuläre Attentat.

AQUI RINDIO SU ULTIMO SERVICIO A LA PATRIA
CON EL SACRIFICIO DE SU VIDA
VICTIMA DE UN VIL ATENTADO
EL ALMIRANTE
LUIS CARRERO BLANCO
PRESIDENTE DEL GOBIERNO ESPAÑOL
EL PUEBLO DE MADRID DEDICA ESTA LAPIDA
PARA HONRAR SU MUERTE HEROICA
Y PERPETUAR SU MEMORIA
20-XII-1974

Adresse Calle de Claudio Coello 104, Salamanca | ÖPNV Metro 5, Haltestelle Rubén Darío | Tipp Das Restaurant »Teatriz« im Design von Philip Stark und Co. in der Calle de Hermosilla 15 ist eines der Gourmet-Highlights im Salamanca-Viertel.

111___Die zwei Seiten der Puerta de Alcalá

Eine salomonische Entscheidung

Man muss schon zweimal hinsehen, um den Unterschied zu bemerken. Dennoch fällt es den wenigsten Besuchern auf, dass die Puerta de Alcalá zwei völlig unterschiedliche Seiten hat. Selbst die meisten Madrilenen kennen diese kuriose Tatsache nicht. Die Seite, die nach Osten zeigt, hat mit der westlichen Seite überhaupt nichts zu tun. Schuld daran ist ein Missverständnis zwischen Carlos III. und dem Architekten Francesco Sabatini.

Als Carlos III. das alte Tor nicht mehr »monumental« genug fand, ließ er es kurzerhand abreißen und machte 1769 eine Ausschreibung, auf die sich drei Architekten bewarben: Ventura Rodríguez, ein alter Hase unter Spaniens Baumeistern, der gleich fünf Entwürfe in der Tasche hatte, José de Hermosilla, der einen Vorschlag präsentierte, und der Italiener Francesco Sabatini mit zweien. Die Wahl fiel auf Letzteren, der 1776 mit dem Bau begann. Er war sich allerdings nicht mehr sicher, welches seiner zwei Projekte dem König am besten gefiel. Aber er konnte sich erinnern, dass Carlos III. beide Entwürfe sehr ansprechend fand. Also entschloss er sich kurzerhand, beide Projekte umzusetzen – eine logische und vor allem gerechte Entscheidung, wie er fand. Aus diesem Grund hat die Ostseite zehn Säulen und die Westseite nur sechs, der Rest sind nämlich Pilaster. Auf dem Tor thronen auf beiden Seiten unterschiedliche Skulpturen – einmal menschliche Figuren, einmal Symbole, die von den beiden besten Bildhauern der damaligen Zeit angefertigt worden sind: Francisco Gutiérrez und Roberto Michel.

Die Puerta de Alcalá diente bis Ende des 19. Jahrhunderts tatsächlich als Tor, das die Stadt abriegelte. Deshalb gab es eine richtige Tür mit Scharnieren und Schlössern, deren Reste auch heute noch sichtbar sind. Tagsüber wurde das Tor geöffnet . Am Abend schloss man die Tür wieder, um die Bürger vor Übergriffen zu schützen.

Adresse Plaza de la Independencia, Jerónimos | ÖPNV Metro 2, Haltestelle Retiro | Tipp Werfen Sie einen Blick in die neobyzantinische Parroquia de San Miguel y San Benito an der Calle de Alcalá 83.

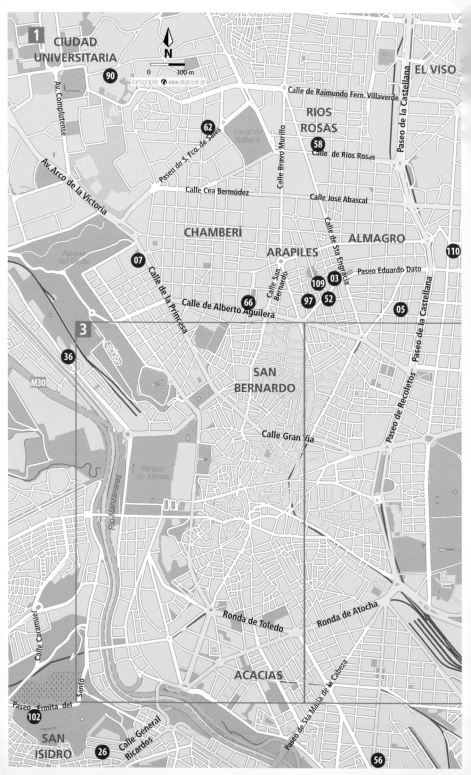

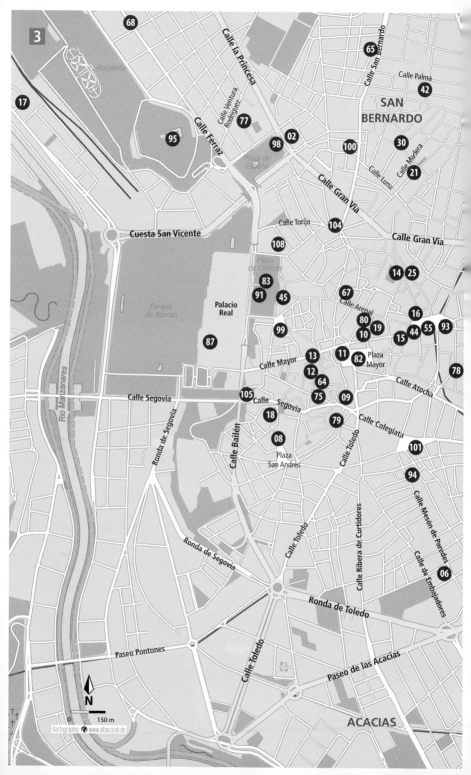

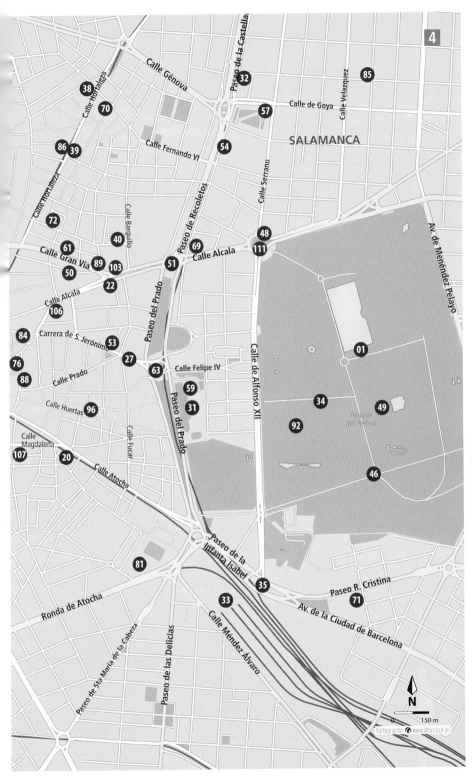

Rüdiger Liedtke
111 Orte auf Mallorca, die
man gesehen haben muss
ISBN 978-3-89705-975-7

Dirk Engelhardt
111 in Barcelona, die man
gesehen haben muss
ISBN 978-3-95451-066-5

Ralf Nestmeyer
111 Orte in der Provence,
die man gesehen haben
muss
ISBN 978-3-95451-094-8

Peter Eickhoff
111 Orte in Wien, die
man gesehen haben muss
ISBN 978-3-89705-969-6

Stefan Spath
111 Orte in Salzburg, die
man gesehen haben muss
ISBN 978-3-95451-114-3

Regine Zweifel
111 Orte in Paris, die man
gesehen haben muss
ISBN 978-3-89705-823-1

Carsten Henn
111 deutsche Weine, die
man getrunken haben muss
ISBN 978-3-89705-849-1

Bernd Imgrund
111 Kölner Orte, die man
gesehen haben muss
Band 1
ISBN 978-3-89705-618-3

Lucia Jay von Seldeneck,
Carolin Huder, Verena Eidel
111 Orte in Berlin, die
man gesehen haben muss
ISBN 978-3-89705-853-8

Peter Eickhoff
**111 Düsseldorfer Orte, die
man gesehen haben muss**
ISBN 978-3-89705-699-2

Fabian Pasalk
**111 Orte im Ruhrgebiet, die
man gesehen haben muss**
ISBN 978-3-89705-814-9

Rüdiger Liedtke
**111 Orte in München, die
man gesehen haben muss**
ISBN 978-3-89705-892-7

Gabriele Kalmbach
**111 Orte in Dresden, die
man gesehen haben muss**
ISBN 978-3-89705-909-2

Oliver Schröter
**111 Orte in Leipzig, die man
gesehen haben muss**
ISBN 978-3-89705-910-8

René Förder
**111 Orte in Sachsen-Anhalt,
die man gesehen haben muss**
ISBN 978-3-89705-911-5

Rike Wolf
**111 Orte in Hamburg, die
man gesehen haben muss**
ISBN 978-3-89705-916-0

Thomas Baumann
**111 Orte in der Kurpfalz, die
man gesehen haben muss**
ISBN 978-3-89705-891-0

Lisa Graf-Riemann
und Ottmar Neuburger
**111 Orte im Berchtesgadener
Land, die man gesehen
haben muss**
ISBN 978-3-89705-961-0

Daniela Bianca Gierok
und Ralf H. Dorweiler
**111 Orte im Schwarzwald, die
man gesehen haben muss**
ISBN 978-3-89705-950-4

Barbara Goerlich
**111 Orte auf der Schwäbischen
Alb, die man gesehen haben
muss**
ISBN 978-3-89705-948-1

Lucia Jay von Seldeneck,
Carolin Huder, Verena Eidel
**111 Orte in Berlin,
die Geschichte erzählen**
ISBN 978-3-95451-039-9

Stefanie Jung
**111 Orte in Mainz, die man
gesehen haben muss**
ISBN 978-3-95451-041-2

Gabriele Kalmbach
**111 Orte in Stuttgart, die
man gesehen haben muss**
ISBN 978-3-95451-004-7

Dietmar Bruckner, Jo Seuß
**111 Orte in Nürnberg, die
man gesehen haben muss**
ISBN 978-3-95451-042-9

Ulf Annel
**111 Orte in Erfurt, die
man gesehen haben muss**
ISBN 978-3-95451-022-1

Oliver Schröter
**111 Orte in Sachsen, die
man gesehen haben muss**
ISBN 978-3-95451-021-4

Reiner Vogel
**111 Orte in Regensburg, die
man gesehen haben muss**
ISBN 978-3-95451-054-2

Danksagung

Danke an meinen Lebensgefährten Felipe, der mich auf meinen stundenlangen Foto- und Recherchegängen quer durch Madrid begleitet hat. Danke auch meinen Eltern, Christel und Jochen Thiel, die meine Texte immer gelesen und kommentiert haben. Und ich danke meinem Sohn Luca, der bei meinen Recherche Ausflügen kochen gelernt hat und deshalb mittlerweile selber eine Pizza oder Chicken-Nuggets im Ofen aufbacken kann.

Die Autorin

Susanne Thiel, geboren 1969 in Köln, arbeitet freiberuflich als Redakteurin und Übersetzerin und ist für das Eventmanagement und die Administration im Madrider Büro einer deutschen Stiftung verantwortlich. Seit 1991 lebt sie in der spanischen Hauptstadt und ist immer wieder neu fasziniert von der Stadt und ihren Menschen. Zu ihren Lieblingsbeschäftigungen gehören Spaziergänge durch Madrid mit Freunden und Bekannten. Zudem bietet sie private persönliche Stadtführungen und die Eventplanung für Reisegruppen, Besucher und Firmen an, denen sie mit Anekdoten und Geschichten ihre Leidenschaft und Liebe für die Stadt näherbringt.

www.entdeckemadrid.wordpress.com
http://www.rent-a-guide.net/profile/980